遠藤 直哉

法動態学講座 4
医療と法の新理論
医療事故調査制度の適正な活用へ

―― 医療裁判の適正手続化へ ――

信山社

はしがき

　本書で扱う「医療と法」は，現在では一般の多くの弁護士の必須課目と言えます。医療問題は，医療過誤を始め，交通事故，薬害，公害，労災，後見人制度，遺言，尊厳死，精神障害，生殖医療，殺人や傷害の刑事事件まで様々な法的紛争にからんでいます。弁護士が医療に取り組むと，業務が広がり，かつ事件を深く掘り下げることができます。

　しかし，医療過誤訴訟が極めて狭い専門的弁護士業務とされています。その原因は医療界の非協力性と裁判所の消極的対応，証拠開示の不充分な点にあります。本書第4章では，この改善を促すと共にこの状況の中での戦略を提示します。そして，新しい医療事故調査制度の成立により，医療側の事実解明が求められ，証拠開示もより充実したものになり，予防目的も達成できるようになりました。第1章から第3章まで，新しい変動を伴う法理論を提示します。

　本書は，医療と質・安全学会誌 (2018vol.13 no.2) に掲載された論文を第1章から第3章までに収めました。この論文は，2017年度の第12回医療の質・安全学会学術集会のパネルディスカッションの報告です。座長の後信教授がその趣旨を簡潔にまとめられていただいたので，序論に掲載させて頂き，ここに謝辞を申し上げます。いく分医療側の視点での提言です。これに対して，やや患者側の視点からの提言として第4章に「医療裁判の適正化」を，新たに書き下ろしました。

はしがき

■後信教授（序論）と日本医療機能評価機構

本書の編集代表の遠藤（第1章）は，日本医療機能評価機構の医療事故情報収集等事業の委員を約10年にわたり，務めてきました。同事業の創設をされた野本亀久雄先生から御指名を受けました。野本先生は，九州大学医学部で生体防御学を確立され，その後，公益社団法人日本臓器移植ネットワーク理事長として，大きな業績を残され，さらに社会問題化していた医療安全の確立に向けて走り出していました。遠藤は，当時アスベスト被害救済や生殖医療の専門家として活動していた関係で御依頼を受けました。後信教授は，野本先生の弟子としてこの事業の責任者になり，その後，世界的に活動する専門家になられました。同事業は全国の病院から医療事故情報ばかりか，ヒヤリハット情報も集めて，データを分析したうえで，予防に向けて公表をしてきました。弁護士は，ほとんど事故の後始末のための交渉や訴訟を担当し，予防についての具体的な案を作る担当をすることはありません。しかし，同委員の立場では，現に要請される予防の策を提示することが重要な業務となります。同事業の成果を踏まえて，新しい医療事故調査制度が成立しました。現在では弁護士も，予防に向けての業務を担当する機会が増加しつつあります。本書は，この新しい医療事故調査制度を充分に理解していただいたうえで，医師と法曹が協力して医療の安全に向けた努力をしていただけるように解説いたしました。

■ロバート・レフラー教授（第3章）

レフラー教授は，ハーバード大学ロースクール卒業後，米国の

はしがき

人身賠償訴訟の専門家として活動したのち，ラルフネーダー弁護士の情報公開運動に参画しました。様々な広報活動と共に，裁判を通じた情報公開の発展に尽くしました。その間，早稲田大学に留学され，日本の医療制度や医療裁判と米国の制度との比較研究に励まれ，多くの論文を発表されております。現在では，後信教授，東京大学樋口範雄教授と太田勝造教授との共同の研究をされています。遠藤はレフラー教授とは，米国法社会学会とアジア法社会学会の活動を通じて知り合い，共同のシンポジウムを企画するに至りました。

■中村智広弁護士（第2章）

京都大学薬学部大学院で分子細胞学を勉強し，修士号を得て，薬剤師資格を取った後，神戸大学法科大学院を卒業し，弁護士となり，弁理士資格をも標榜しております。医学知識を有するので，複雑な医療裁判も担当しております。このような人材が法曹として活躍できるようになったのは，私も尽力して設立された新しい法科大学院制度によります。

■AIに勝つ法動態学

法科大学院では，新しい法学教育が予定されましたが，実現していません。それは，米国のロースクールで発展してきた法社会学的アプローチをとり入れた解釈論や政策論（立法論）です。基礎法学と実定法学の連携教育です。社会変動に合わせて，漸進的に動態的に法形成を促すという法思想（法動態学）による教育です。

従来の法学教育では，存在する法令や判例を固定的にとらえて

v

はしがき

学ぶことを主としています。つまり，法令の通説的解釈や判例の趣旨を学ぶもので，これを法静態学と呼びます。

これに対して，本書では，法は変化しているもの，いわば生きているものと捉えて，法をどのように扱うべきかを研究し，教育することを法動態学と呼びます。法動態や動態的法形成という言葉は，一般用語です。但し，先行研究として，法動態学叢書全4巻（樫村志郎編・法律文化社）があります。これは，法動態学への一つの導入方法として，「水平的秩序」という概念を最も重要な研究対象と位置づけ，市場という経済学的な意味を持つ空間における法の動態を明らかにしようとしています。従来の権力や強制またはルールや行為を基準にしないで，自律的な法の動態を明らかにしようと分析されています。

これに対して本書では，第1章及び第4章で明らかにしているように，社会変動に合わせて，人々の生活に必要な法の変動を促進させる方法を研究し教育することを法動態学と位置づけています。ハードローとソフトローの構造（強制と合意）の縦軸は，技術進歩と人々の意識変化という時間と共に漸進していく横軸により，地殻変動を起こしていく。法曹は直ちに法をもって対応しないときには，社会は秩序なく混乱に陥ります。つまり，社会変動に合わせた法の変動を対象とする研究と教育を法動態学と称しています。20世紀以降，社会変動のスピードは加速しています。明治以来の日本の法静態学教育は，社会の進歩にブレーキをかけ続けてきました。欧米では法動態学が発展し，中国ですら，日本のような後ろ向きの規制ではなく，前向きな発想を育てています。

日本の司法試験や司法修習の2回試験は，法動態学の導入の壁

はしがき

となっています。直ちに廃止または縮小し，法科大学院における
法動態学の教育に向かわなくては，法曹養成の混乱はやむことが
ありません。法曹への信頼は地に堕ちたと言っても過言ではない
でしょう。そして，何よりも暗記中心の「社会から遊離している
法静態学」より，「社会実態と歩む創造的な法動態学」の方が，
目的がはっきりしており，法曹に興味をもたらして，技能を高め，
人々に貢献できることは明白です。

　2019 年 1 月

遠藤直哉

目　次

はしがき　(iii)

序　論　法律家からみた我が国の医療事故調査，
　　　　再発防止に関する諸制度 ………………………… 3

◇各制度の性質，現状及び課題◇
　──医療現場のコミュニケーション向上を目指して ……… 3

第1章　医療事故調査制度（予防）と法手続（補償・制裁）
　　　　──医療特有のシステムアプローチへ── ………… 6

Ⅰ　予防のための医療事故調査制度 ………………………… 6

　1　欧米と比較しての日本の課題 ………………………… 6

　2　個別的医療事故調査制度と包括的事故調査制度
　　　の成立 ………………………………………………… 10

　3　パーソンアプローチからシステムアプローチ … 13

　4　システムアプローチと民事責任 …………………… 16

　5　内部的責任及び行政的責任 ………………………… 18

　6　個別的事故調査報告書 ……………………………… 19

Ⅱ　改正法の医療事故調査制度の個別課題 ……………… 21

　1　遺族への書面交付 …………………………………… 21

　2　医療事故の報告対象（予期しなかった死亡
　　　／医療起因性） ……………………………………… 22

　3　院内調査の課題 ……………………………………… 24

目　次

  4 事故調査報告事例の欠陥 …………………………… 25

  5 調査方法の一元化へ向けて ………………………… 26

  6 事故調査報告による民事解決 ……………………… 27

 Ⅲ **重要な課題と解決策**………………………………… 28

  1 医療の複雑性・多様性 ……………………………… 28

  2 (公)日米医学医療交流財団によるホスピタリスト

   の養成支援 …………………………………………… 29

  3 医療事故情報収集等事業の活用 ………………… 30

  4 民事責任の円滑な運用 ……………………………… 32

  5 刑事責任の限定化 …………………………………… 35

第2章 **医療事故調査制度の国民的利用に向けた課題** 39

 Ⅰ **はじめに** ……………………………………………… 39

 Ⅱ **医療事故調査制度** …………………………………… 41

 Ⅲ **包括的医療事故調査制度と個別的医療事故**

  調査制度 ……………………………………………… 43

 Ⅳ **報告件数と予定件数の乖離とその原因**…………… 45

 Ⅴ **調査報告の体制の在り方**

  ― 自発型と第三者型の比較 ― ………………… 50

 Ⅵ **責任追及とリスクマネジメント**

  ―パーソンアプローチとシステムアプローチ― 52

ix

目　次

【対訳】

第3章　Japanese Patient Safety Reforms in an
　　　　International Context ·················· 58
　　　　〈国際的考察による日本の患者安全改革〉

　Ⅰ　Introduction ································· 58
　　　〈はじめに〉

　Ⅱ　Health Care Spending and Health Care Results:
　　　International Comparative Statistics ·············· 60
　　　〈医療費と医療結果：国際比較統計〉

　Ⅲ　Malpractice Law, Medical Peer Review, and
　　　Patient Safety ······························ 74
　　　〈医療過誤法，医療ピアレビュー，および患者安全〉

　Ⅳ　MHLW's Implementation of the 2014 Law ········ 84
　　　〈厚労省による 2014 年改正医療法の施行〉

　Ⅴ　Conclusions ······························· 92
　　　〈結　　論〉

第4章　医療過誤訴訟の適正化 ····················· 97

　Ⅰ　民事裁判の課題と解決策 ····················· 97
　　　1　医療事故調査制度の効果 ·················· 97
　　　2　医療側代理人の問題点 ··················· 99
　　　3　意見書の作成 ························· 100
　　　4　因果関係の課題 ······················ 101
　　　5　過失の重層構造（過失の高まり） ·········· 104

目　　次

　　6　無過失責任化（高度な危険な手技の試み）……… 112
Ⅱ　医療記録の隠匿と改ざん ………………………… 114
　　1　データ改ざんが行われる医療現場 …………… 114
　　2　電子化される医療情報 ………………………… 114
　　3　医療記録の役割 ………………………………… 115
　　4　医療記録改ざんや隠匿による法的責任 ……… 116
　　5　電子カルテ改ざんの具体的事例 ……………… 117
　　6　医療過誤訴訟における証拠の偏在の解消……… 118

あとがき（121）

法動態学講座 4

医療と法の新理論

医療事故調査制度の適正な活用へ

── 医療裁判の適正手続化へ ──

序 論

法律家からみた我が国の医療事故調査,再発防止に関する諸制度

◇各制度の性質, 現状及び課題◇
── 医療現場のコミュニケーション向上を目指して

　医療事故の原因分析及び再発防止を図る国レベルの制度,事業として, 2015 年に医療法に基づいて開始された医療事故調査制度や, 2004 年に医療法施行規則に基づいて開始された医療事故情報収集等事業がある。2017 年 11 月 25 日～6 日に開催された,第 12 回の医療の質・安全学会学術集会において, これらの制度,事業に関するパネルディスカッション 「①包括的医療事故調査制度, ②個別的別的医療事故調査制度, 民事刑事法制度における基本的位置づけ ── 医療従事者と患者 (国民) のコミュニケーションの向上について ──」 が行われた。本パネルディスカッションは,医療事故情報収集等事業運営委員会委員である遠藤直哉氏により企画されたものである。

序論　法律家からみた我が国の医療事故調査，再発防止に関する諸制度

　まず遠藤直哉，中村智広（弁護士法人フェアネス法律事務所弁護士），米国における日本の医事法の専門家であるロバート・レフラー教授（アーカンソー大学）により，講演が行われた。

　遠藤及び中村より，遠藤が提唱する概念である，包括的医療事故調査制度（医療事故情報収集等事業を想定）や個別的医療事故調査制度（医療法に基づく医療事故調査制度や産科医療補償制度を想定）及び両者がそれぞれの役割を果たして相互補完的に機能し，特に医療事故情報収集等事業には，医学部，看護学部薬学部，卒後研修システム，専門医認定制度，学会における指導プログラム（研修・ガイドライン）への貢献を期待するとしたグランドデザインが説明された。

　そのことにより，①刑事責任の適用を限りなく限局し，廃止するに等しくできる，②医療側と患者のコミュニケーションが円滑化し，双方の負担を軽減できる，③医療従事者だけによるシステムアプローチは短時間かつ省力化できる，④民事責任について，正確な資料の下に予測できる，⑤賠償額を適正化したり減額したりできる，⑥患者と国民（報道機関）に対する説明責任を果たせる，⑦行政処分を適正化できるという内容であった。

　ロバート・レフラー教授からは，主として医療事故調査制度について海外における我が国の医事法の専門家という客観的な立場から，次の内容の講演があった。

○医療事故の発生率に関する日米の差，基本的なデータに違いがあることの紹介。
○米国の医療訴訟の件数の推移り日本の医療訴訟の件数や認容率，

◇各制度の性質, 現状及び課題◇──医療現場のコミュニケーション向上を目指して

　訴訟の場に提起されるのは一部に過ぎないこと。

○医療事故調査制度の創設。責任追及は目的ではないとされた。

○医療事故調査制度の導入にあたっての論点の紹介。

　●管理者の裁量。

　●再発防止の報告書への記載。

　●遺族説明。

○医療事故調査制度の評価。

　●いまだ未熟ながら, ある程度の実績を上げつつある。

　●患者の視点からの精度の透明化はこれからも求められる。

　●制度は国際的な注目に値する。

　私（後信）からは, 司会者という立場で, 日本医療機能評価機構の医療事故情報収集等事業に関し, 当該事業は, 匿名性, 非懲罰性の原則に基づき, 一般予防策を提供することや, ベストプラクティスの共有等を行う学習のためのシステムであること等を説明した。

　医療事故調査制度が2年半を経過し, それまでの運営実績が明らかになってきた。そのような機会に, 先述したパネルディスカッションも契機となって, 本誌において関連する事業のそれぞれについて特徴や役割を考察するとともに, 今後の関係についても考察することは有意義なことと考えている。

（後信）

第1章

医療事故調査制度（予防）と法手続（補償・制裁）

──医療特有のシステムアプローチへ──

I　予防のための医療事故調査制度

1　欧米と比較しての日本の課題

　日本では医療事故調査や届出の制度について，欧米とは，全く異なる進展をたどったことを理解されなければならない。欧米では20世紀後半に医療事故の多発を予防するべく，死亡などの重篤な事故に限り，医療監督行政機関に強制的に届出させ監視を強めた（個別的医療事故調査制度）。これに伴い院内の医療安全のシステムの向上が計られた。しかし，事故の減少とならなかったため，2000年頃から軽度事案やニアミスまで含めて，広く多くの機関に届出させ，これを公表し予防策をさらに進めた（包括的医療事故調査制度）。

　これに対して残念ながら，日本では，個別的事故調査制度は，なきに等しかった。ときに起こりうる条文の翻訳誤りも重なり，医師法21条の異常死の個別的届出先は警察とされた。長い間，

｜　予防のための医療事故調査制度

第３者の犯罪のみを届け，医療事故を届ける義務はないと解釈され，予防のための保健所への届出も義務づけられなかった。しかし，2000年以降突然，医療事故も警察へ届け出るという解釈となったものの，予防のための制度でもなく，制裁またはみせしめの制度でしかなかった。事故調査制度の理解は全く広まらなかった。そのため，予防のための個別的届出制度の成立の前に，2004年の包括的医療事故調査制度（日本医療機能評価機構の医療事故情報収集等事業）が開始された。事故調査制度自体の意義が伝えられず，届出機関と届出数は充分でなかった。最後に事故調査制度自体に反対する１部の意見の影響も受け，2015年に強制力のない個別的医療事故調査制度の開始に至った[1]。

　上記のような欧米の制度の歴史を正確に理解して議論すれば，「医師法21条（警察への届出）の廃止」と「強制力のある個別的医療事故調査制度の成立」はセットであったことは自明である。つまり，2001年頃の13学会など個別的事故調査制度の提言は，医師法21条の縮小を目指したので，そのまま実現すれば欧米並であった。しかし，今回も反対意見が強かったために，結局21条廃止とのセットの成立とならなかった。

　そこで，２つの事故調査制度の発展，医療の質・安全学会等の活動により，警察への届出の減少している中で，さらに21条の死文化への努力をすべきこととなる。

　まず，院内医療安全システムが最も重要であることを確認した上で，外部への届出という２つの制度がどのような意味があるか，どのように利用するべきか，を理解しなければならない。

　つまり，欧米ではこの２つの制度の運用に尽力し，警察への届

第1章　医療事故調査制度（予防）と法手続（補償・制裁）

出はなされず，医療従事者への刑事制裁もなく，患者のための予防目的に向けて，患者との協力関係が築かれたのである。

　今や日本でも2つの制度の発展に尽力すべきである。但し，死亡や重篤な事故については，刑事制裁は不要としても，その前提として民事的被害救済は必須であり，医療事故調査制度がどのように利用されるかが課題となる。つまり2015年からの医療事故調査制度の運用として，厚労省通知では，事故調査センターは調査報告書を遺族に交付するとされたので，これは法的手続に使用されないのか，システムアプローチによる調査報告書が法的手続に使用される場合の課題は何か，これらが問題とならざるをえず，新しい視点から論じることとする。

　医療法の一部改正により成立した医療事故調査制度は，医療事故に対する刑事罰の適用を原則として廃止するために，強力ではないものの積極的に活用することが予定されていた。しかし，予想された届出数より少なく，消極的運用ではないかとの疑問が出されている。

　積極的運用を進めるためには，第1段階として医療に特有なシステムアプローチを採用し，医療倫理の観点から，徹底した医療安全の向上と事故の予防に取り組まなければならない。第2段階として，この情報開示をもとに絞り込んでいけば，別途民事責任を早期に明らかにして円滑に紛争解決をすることが可能となる。その結果，第3段階の刑事責任については，故意や悪質な事案に限定し，原則として適用しない運用とすることが可能となる。

| 予防のための医療事故調査制度

表1　一般的な個別的事故調査制度と包括的調査制度の比較

	個別的事故調査制度	包括的事故調査制度
対象	**死亡・重篤（限定）**	事故・ニアミス（全て）
目的	**説明責任，紛争解決 個別的予防 標準レベルの維持**	**学習 一般的予防 ベストプラクティスの共有**
手続	厳格調査	簡易手続
強制性	強制手段 （公表などゆるい強制手段 ありうる）	自発的手続 （公表などゆるい強制手段 ありうる）
匿名性	不完全な匿名性	**匿名性**
民事	**証拠となる**	証拠にならない
中立性	院内調査 ＋ 中立組織調査	中立組織調査
公表	当事者 ＋ 一般	一般的公表
予防策	個別的予防策 （同種施設毎）	包括的予防策 （全施設・教育・制度改善）
今後の 課題	報告履行強制 **患者側への報告書交付**	義務化の拡大 教育への反映
日本	死亡事故分析モデル事業(終了) 産科医療補償制度 医療事故調査制度（改正法）	医療事故ヒヤリハット収集 事業（医療機能評価機構） ＮＣＤ（外科学会）
海外	多数の国	オーストラリア，英国など

第1章　医療事故調査制度（予防）と法手続（補償・制裁）

2　個別的医療事故調査制度と包括的事故調査制度の成立

　20世紀後半において，世界で最も医療が発展し，同時に多くの医療過誤も社会的問題とされたのは，米国と英国であった。英米の経験と政策は，欧州を始め世界に影響を与えた。

　英米では，当初医療過誤に対して，刑事罰が適用された[2]。しかし，英米では，訴訟において広い証拠開示制度があり，医師内部の検討書を除けば，医療者側のカルテ等はすべて患者側に開示されたので，民事訴訟が増大し，患者の被害は救済されてきた。それでも，医療過誤と訴訟は増大し続けたため，保険会社は保険料の増額を要求したり，賠償額の上限規制の立法化に尽力した[3]。そのような状況で，医療事故の防止，事故数の減少を目的とする2つの制度が構築された。法的責任追及の目的ではなく，予防のために，新しくシステムアプローチを取り入れるものであった。

　①　個別的医療事故調査制度である。死亡重篤な個別の事故に限り，一定の強制力をもって原因を究明するものである。

　②　包括的医療事故調査制度である。ニアミス（ヒヤリ・ハット）まで含めて，任意に多くの医療機関から情報を報告させ予防策を立てるもので，個別的調査制度よりも，予防の目的を達成するため徹底した制度である。

　この2つの制度は，世界に広まったが，現実には，2つの制度は，合同されたり，一部重なるなど多様なものであった。そこで，WHOでは，以下の類型として説明している[4]。表1にまとめを記載する。

10

I　予防のための医療事故調査制度

①　説明責任（Accountability）のための制度

死亡重篤な個別事故において，主として患者（国民）への説明責任を果たさせるために，外部の監督機関や法的機関により開発されたシステムである。容認できないようなレベルの医療を行っている医療機関を特定し，是正させたり処分したりするためのものである。

通常は強制的で，報告対象は，予期せぬ死亡と重篤な事象（センチネルイベント）に限定される。システム分析（RCA; Root Cause Analysis 根本原因分析）を求め，速やかな改善を促すものである。強制的に報告の責任を課すだけではなく，召還，罰則，制裁なども行ってきた歴史がある。標準レベル以下の医療行為の根絶をするため，システムアプローチでその医療機関のレベルを上げ，主として個別の予防目的を達成するものである。

公表することにより一般予防も果せるものである。例として，米国の 21 州保険局の強制的報告制度，米国医療機能評価機構（JCAHO）のセンチネルイベント報告システム（Sentinel Events Reporting System）（1996）がある。

②　学習（Learning）のための制度

ニアミスを含む多くの情報を広く収集し，学習やシステム再構築に焦点を絞った報告システムである。通常は自発的な報告であり，ニアミスの発生の予防まで含めてのベストプラクティスの共有を促進し，システム全体にわたる改善を活性化するものである。多くの機関においてエラーや事故を減じることのできるようなシステムの再構築のための勧告がなされる。

11

第 1 章　医療事故調査制度（予防）と法手続（補償・制裁）

　一般予防を推進するものである。例として，オーストラリア患者安全基金（Australian Patient Safety Foundation; APSF）のオーストラリア・インシデント・レポートシステム（AIMS）（1993）国の国立報告・学習システム（National Reporting and Learning System; NRLS）（2004）がある。

　日本では，以下の通り上記①より上記②が先に成立した。

　上記②の制度として，厚生労働省では，2001 年から医療安全対策ネットワーク整備事業（ヒヤリ・ハット事例収集事業）を開始した。これを引継ぎ，2004 年から公益法人日本医療機能評価機構は医療事故情報収集等事業（医療事故情報及びヒヤリ・ハット事例の収集・分析・提供事業）を開始した。2009 年から薬局ヒヤリ・ハット事例収集・分析事業を開始した。分析結果は公表されているので一般予防の目的を達成している。

　上記①の制度として，2015 年 10 月改正医療法に基づく医療事故調査制度が開始した。病院等は，管理者が予期しなかった死亡について，医療事故調査センターへの報告義務を負う。個別予防の目的を達成しているが，現在のところ公表されていないので，一般予防の機能は公表開始まで停止されている。

　日本の医療事故調査制度は，WHO の分類①の説明責任の制度であることは明らかであるが，強制的手続ではなく，罰則や制裁もない。刑事手続や行政処分に代わる制度としては，最小限度，患者（国民）に説明するために，報告書面を交付する手続が必要となる。

　厚労省通知では，目的は安全確保であり，個人責任の追求ではないとしながら，医療機関は遺族に口頭または書面での説明義務

12

を負い，調査センターは，調査報告書について遺族への交付義務を負うとされた。その結果，英米の証拠開示制度のない日本では，調査報告書は，訴訟で使用されることになる。

そこで，訴訟の増大などが危惧され，また刑事手続までに使われることを恐れ，センターへの報告自体が消極的となる。しかし，事故調査制度は国民と患者側に説明責任を果たすべき役割を持ち，第1に医療の質と安全を高める医療倫理の観点から予防策を出し，第2にその情報を元に民事紛争の解決と患者側救済を進め，第3にそれにより刑事制裁を限定するものである。

同様の制度として，既に個別的事故調査制度として産科補償制度の成功例がある。報告書交付と公表が円滑に実施されてきたところ，患者の理解が進み，訴訟も減少してきたと報告されている。以上を前提に以下では主として個別的事故調査制度と法理論の関係について論じる。

3　パーソンアプローチからシステムアプローチ

欧米の法の歴史において，刑事責任と民事責任は，犯罪や事故に対する原因となる個人の行為（因果関係）を特定し，かつ故意や過失という個人の認識を基準として成立した。医療過誤でも，多くの医師や看護師の内から個人の行為や認識が特定されて，その者のみが責任を負った。これはパーソンアプローチと呼ばれた。

刑事手続では，通常，1名〜3名のみが選抜され起訴されるに至る。他方で，1990年リーズンは，有名なスイスチーズモデルを含むシステムアプローチを発表した。スイスチーズの多くの穴

をすり抜ける図で，偶然的に多くのミスが重なることを警告した。その後，このシステムアプローチは，パーソンアプローチを排して，欧米の医療安全の骨格をなすものとなった。

そして米国で 2000 年に，有名な「人は誰でも間違える——より安全な医療システムを目指して」が発表された[5]。「人は誰でも間違える」（To Err is Human）とは，「医療従事者個人がミスを犯したと見られる状況に立たされる。」と考えるべきこととなる。

そして，「間違いは防ぐ事が出来る」とは，①飛行機や電車などと同じように，システム改善により，ミスを減少出来る。②それでも医療特有の有害事象は起こる，との前提で，絶えず検討し，改善していくべきであるという趣旨である。「終わりの無い旅」という Bagian の名言（2002 年）が分りやすい[6]。

前記の 2 種の医療事故調査制度の発展は，パーソンアプローチからシステムアプローチへの転換と深く関係していた。このシステムアプローチは，予防を目的としている。事故の原因を，多くの人の行為，薬や機械の欠陥，施設や組織の不備に求める[7]。行政指導や法令の在り方，学会の指導までに及ぶものである。

これに対して，日本では，1999 年横浜市立大事件，広尾病院事件が刑事事件化され，その後，多数の医療過誤に刑事罰が適用された。医療関係者，警察，弁護士，検事，裁判官，マスコミなどのすべてが，パーソンアプローチをとったことが，最大の原因であった。仮の例として，東京女子医大の耳鼻科ピシバニール硬化療法と麻酔科プロポフォールの複合事件をあげてみる。

患者死亡の寄与原因は，以下の通り多数にわたる。

A. 院長

B. 耳鼻科教授

C. 麻酔科教授

表2 医療特有のシステムと機械装置システムの比較

	医療システム	機械装置システム 自動車・電車・飛行機
患者・利用者	**異常（病気）**	正常
目的	**治療**	サービス授受
運用者の裁量	**広い**	狭い
被害者人数	1名	多数
事故	異常の増幅 （負のスパイラル）	正常からの逸脱
不確定要素	多い	少ない
プロセス	**個別性・多様性・細分化**	定型性・マニュアル化
システム	**複雑・多重・未完成**	一元化・標準化
原因分析	困難	容易
対応	レジリエンス	因果律
原因・過失	a.b.c.d.e.f.g.h.i.j.	j（直接原因）
刑事罰	正当業務行為 原則的免責	許された危険 例外的免責
無過失責任	狭い	広い

第1章 医療事故調査制度（予防）と法手続（補償・制裁）

D. 製薬会社

E. 薬剤師

F. 看護師

G. 耳鼻科主

H. 耳鼻科担当

I. 麻酔科主任

J. 麻酔科担当医

従来のように刑事手続になると，上記の内，Jのみが選ばれ，刑事責任を問われかねない。

医療・製造物・市場での事故の被害発生に対して，刑事制裁が適用されると不公正が発生する。上記例のように，管理者A〜担当者Jまですべてに，その原因や責任があるときでも，極度に特定した個人Jにしぼるパーソンアプローチがとられる場合，システム自体の欠陥は不明のままで，将来の予防に役立たない。JのみがA〜Iの責任まで過大に負うとの根本的欠陥がある。システムアプローチによる責任の分散化を徹底すれば，Jの責任を下げ，刑事手続のリスクを下げられる。システムアプローチの中でも，機械装置とは異なるものであり，その比較について表2にまとめる。

4 システムアプローチと民事責任

民事手続では伝統的な過失責任主義は継続しており，A〜Jの内，例えばHIJの3名の原因や責任を条件にし，使用者責任の法理

Ⅰ　予防のための医療事故調査制度

で法人の賠償義務を認める。但し，従業員への求償権制限法理により，実質上HIJの個人の賠償義務を免除している。これが現状の原告患者の勝訴の類型である。

しかし，原因や責任が明確でなし，A〜Jまでのすべてに浅い原因や責任があるときには，法人責任なしとされ，患者敗訴となる類型がある。つまり企業責任の分野を含めて民事裁判でも特定の個人の責任ではなく，いくらか組織全体の機能不全があるとしても，社会的な標準であり，やむを得ない事故として，原告敗訴となる。そのような場合には，不充分ながらシステムアプローチがとられることもある。

そこで，民事裁判でも，因果関係と過失への寄与度・分割責任[8]・組織過失・内部統制責任（システム構築責任）などの理論が導入され，民事救済の拡大がみられた。

また，他方で無過失責任主義による解決も主張がされている。確かに，機械装置（自動車・電車・飛行機）では，被害者は多数の均一な正常者(客)であり，被害者に責任はなく，事故の原因はすべて管理者側にあるから，無過失責任主義にあう。しかし，医療では患者側に病気（原因）もあるので，無過失責任になじまない。中島和江教授の「レジリエント・ヘルスケア」及び「複雑適応システム」は，分りやすくいえば，一般的システムアプローチから[9]，医療特有のシステムアプローチへの発展とみるべきである[10]。

患者の多様な病的因子（a_1〜a_{10}），患者総体の多様性（a_1〜a_{10} → z_1〜z_{10}）に加えて，医師の広い裁量性，薬品・器具や施設などの多様性もあり，システム自体に機械装置と異なる複雑性が現れる。医療特有のシステムアプローチが必須となる。既に民事裁判でも，

17

第1章　医療事故調査制度（予防）と法手続（補償・制裁）

表3　医療システムと法的責任

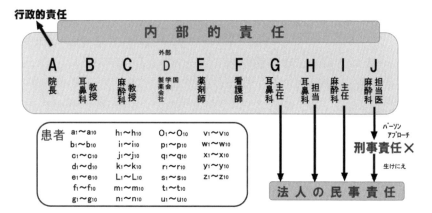

患者の身体状況・素因・行動を事故への寄与度とし，過失相殺により損害額を減少させたり，病院の責任を否定している。

表3に医療のシステムと法的責任の関係を示す。

このように極めて複雑な事象を分析するのは労力と時間がかかるため，ニュージーランド，スウェーデン，フランスの無過失補償，日本の産科補償制度は，高額な損害賠償金とは異なる一定の補償をすることとした。この場合でも原則として，損害賠償請求訴訟をする権利を消滅させてはいないので，課題は残されている[11]。

5　内部的責任及び行政的責任

刑事と民事の責任以外の法的責任として，医療機関の内部の責任がある。職員，役職者，院長らの法人に対する責任である。改

善書提出，注意処分（戒告）や減給処分などである。システムアプローチにより多くの原因と責任が明らかとされ，処分と共に，予防策が公表されれば，有効である。つまり迅速且つ徹底した予防策の公表こそ，説明責任遂行の理想であり，刑事の手続も回避できる。注意処分や減給は広くなされる程有効だが，狭くなる程特定の人から異議も出され，法的にも無効となる可能性が高い。適正に運用する限り，医療特有のシステムアプローチによる，最も効率的な予防と処分という成果が得られる。

　他方で，医療事故に伴い，人員配置基準や施設基準の違反に対する行政処分または特定機能病院の取消などの行政処分については，どの行政目的を害したかを明確にして，是正することが最も重要であり，早期に発令前の予防策の公表が重要となる。早期是正により処分は不要となるというのが，行政制裁の原則といえる。医療法64条では，知事は法人の役員を解任できるとの規定がある。最終的には役員は行政的責任を負うものの，一般的には行政庁及び報道機関に向けて，社会的責任をとるとして，代表者の退任，減給などが実施されている。刑事手続の直接的担当者への制裁と反対に，最高責任者へのしわ寄せに見えるが，システムアプローチによる原因と責任の分散化をしつつも，最後には，システム構築責任が問われる構図が成立する。

6　個別的事故調査報告書

　以上によれば，事故報告書では医療特有のシステムアプローチの徹底と公表こそが肝要となる[12]。それにより，上記の法的責

第1章　医療事故調査制度（予防）と法手続（補償・制裁）

任の運用を合理化できる。現在までの医療側の主導的意見でも，調査報告書は，患者側に交付されることが望ましいとされている。本書の立場と一致している。むしろ，それが前提となる。

そして，第一次的には，システムアプローチで記載されるもので，法的責任とは全く別であり，これに一切触れる必要はない。しかし，第二次的には，法的責任に触れる必要のある重大案件では，追加として法的責任の各基準は一律ではなく多様であり，システム分析で一律に決まるものでないこと，何の法的責任が問題であるかを明確にすることが必要である。

まず，予防策の公表という説明責任は優先課題であり，次に内部的責任が問題となる。行政的責任については，予防策の公表により，今後行政の目的を阻害しないとの方針を明確にする必要がある。

次に民事責任について，肯定，否定，調査続行，などの説明をする。最後に刑事手続については，理論上，否定できることとなる。但し，上記システムアプローチにおいて，治療経過のデータの隠匿，改ざんなどは，ないことが大前提であり，これが発覚するときは刑事手続となる可能性が高い。他方で，調査報告書には，法的責任のない問題点もすべて記載するものであり，患者側の素因に死亡原因があっても，医療側にミスがあるときにはそれを記載しなければならない。結論として以下の通りまとめられる。

⑴　刑事責任の適用を限りなく限局し，廃止するに等しくできる。

⑵　民事責任について，正確な資料の下に予測できる。賠償額を適正化したり減額できる。

20

⑶　医療側と患者の負担を軽減できる。

⑷　患者と国民（報道機関）に対する説明責任を果せる

⑸　行政処分を適正化できる。

II　改正法の医療事故調査制度の個別課題

1　遺族への書面交付

　改正法の事故調査報告制度をなるべく狭く運用しようとする動きもあるが，限定運用すべきでない。医師法 21 条の警察への届出を医療過誤を除いて，第 3 者の犯罪に限定する必要がある。そのためには，改正法のセンターへの報告を，先進医療の事故を含めて広く確実に履行するべきである。

　改正法では，義務化されているのは①遺族への当初の説明②センターへの事故報告③センターへの書面による院内調査結果報告である。その他は努力義務とされている。それ故病院やセンターが「調査結果」を遺族に説明することが最も重要であるのに，努力義務にすぎず，最も重要な「遺族への説明方法」が，始めから終わりまで書面交付の義務ともされていない。運用では簡単なものでよいので，死亡時と調査結果時の書面交付を義務づけるべきである。また，遺族のセンターへの申請は権利として認められていないが，適正な主張であれば受け入れられるべきである。

第1章　医療事故調査制度（予防）と法手続（補償・制裁）

2　医療事故の報告対象（予期しなかった死亡／医療起因性）

　改正法の対象は，死亡に限っている。警鐘事象（sentinel event）の一部に過ぎない。そして，予期とは，医師や管理者の主観ではない。「管理者が客観的常識的にほとんど死亡しないと思っていた事例」と定義すべきである。「死亡のリスクはあります」というだけでは，死亡を予期していたものとして報告不要となるわけではない。つまり「社会観由来の客観説」の立場で，「社会において予想していなかった事故」という意味でとらえるべきであり，以下が含まれる。

⑴　低レベル技術の事故

　手技ミス，操作ミス，判断ミスなどである。標準的技術レベルを明白に下回るものである。中小の病院，クリニックで多く発生しており，従来は公にされない状況があった。

⑵　不注意事故

　薬剤誤認ミス，見落としミスなどである。技術レベルの高い大きな施設でも起こりうる。たとえば，広尾病院事件の死亡例である。また，改正法では死亡に限定されているので，すべてが含まれない。たとえば横浜市立病院事件の「人まちがえ」は含まれなくなる。つまり，人まちがえ，部位まちがえという明白な過誤や重篤な事例でも，原則として死亡に至らないので，報告義務から除かれる。しかし，説明責任を果たすために，運用としては，こ

22

Ⅱ　改正法の医療事故調査制度の個別課題

れらを報告義務に含めるべきであることは明白である。

⑶　高度医療・先進的医療の事故

　心臓，肺，消化器，脳などの手術での血管損傷は，合併症といわれるが，先進技術であるが故に多発する事故である[13]。手術は成功すると予期していたものであり，死亡したら予期しなかった結果である。そして，技術の高度化に伴い，リスクも上昇しており，説明義務（手技の選択，リスクと結果，担当者の実績や技術レベル）が重要となる。この点，熟練者の場合は，一般的には事故にならない。しかし，多くの執刀数や実績があっても，手技の選択やリスクの説明が不充分であると，不可抗力であったとしても，患者からは予期できなかった死亡と思われてしまう。充分に書面で説明義務を尽くす義務があり，これを怠ると義務違反を問われる。

　最も難問であるのが，手術経験のほとんどない者の執刀の事故である。青戸病院事件を始め多発しているが，訴訟にならないと表面化しない[14]。単独での事故は原因が明白で禁止すべきである。ほとんどは熟練者の監督下で事故が発生している。もし経験の少ない者が主たる術者になると説明すれば，患者は拒否する可能性が高くなり，結果として事故が発生しないこととなる。しかし，現実には「ベテランが一緒に手術します」と言うだけで，充分な監督のないまま事故となる。監督すること自体がむずかしいといえる。このような場合，説明義務違反となるどころか，過失を推定する強い事情となる。さらに医療の発展の尊い犠牲者（練習台）であることは明らかで，過失を問わず（無過失責任），直ちに医療

第1章　医療事故調査制度（予防）と法手続（補償・制裁）

保険を適用すべきである。医療界，保険会社，行政は協議して，このような最も重要な課題を果敢に解決していかなければならない。

3　院内調査の課題

調査委員会の構成と役割は下記の点が重要となる。

(1)　医療安全の専門家

中立性（第三者性）を保つために，外部委員の必要性は強調されている。しかし，医療安全の専門家を中心にすべきである。特に病院のシステムを理解し説明できる者，及び幹部の構築責任を指摘できる者を含むことが重要となる。公正性（透明性）と共に，予防策の公表の必要性が求められているので，システムアプローチで説明できる委員を要する。他方で院内のシステムを充分に説明できる内部の者を入れることが必要となる。

(2)　医療システムアプローチ

事故原因やミスの複数化をさぐるので，多くの関与者の責任となることを避けてはならない。委員全員が医療特有のシステムアプローチを理解していることが求められる。法律家や弁護士はパーソンアプローチをとる伝統があり，システムアプローチについての理解に欠けているので，委員に入れる必要はなく，また委員長にすべきでない。仮に委員にするときには，第2段階の民事紛争の早期の解決のための要員とすべきである。また行為者の行

II 改正法の医療事故調査制度の個別課題

為時の立場や見方を尊重し，事前的視点を重視すべきであり，事後的視点に限定しないことが重要である。

(3) 損害賠償保険制度の運用

医師側と保険会社の弁護士は，利害相反するので分けるべきである。事故の責任を，医師側が認めるのに保険会社は認めない場合，保険会社は認めるのに医師は認めない場合がある。後者の場合は，論外であり，医師の無用のプライドをもつ医師と紛争継続を望む弁護士の癒着にすぎない。中には保険会社に連絡すらしない事例もあり，保険制度を適正に運営していると言えない。前者の場合，個別事件では医師側の意見に従うべきである。制度の運用としては，保険会社が保険料総額と保険金支出額総量を開示して，必要な検討をし修正をしていくべきであろう。

4 事故調査報告事例の欠陥

(1) 過去の事例

名古屋大腹腔鏡事件（2000年）の報告書は本稿の趣旨にあうもので，他に比較して，第1段階目の医療倫理の観点から分析されている。この良識的な原則がその後のマスコミ攻勢により大きく変えられたのではないかと考える。

青戸病院腹腔鏡事件（2002年）では，3名の外科医が起訴され有罪となった。当初の報告書は麻酔科の責任とし，外科中心の医局を守るものであった。チャレンジ事案についてのシステム構築責任，上司の責任などは無視された。

25

第1章　医療事故調査制度（予防）と法手続（補償・制裁）

　東京女子医大心臓手術事件（2001年）では，担当医師へ責任を押しつけ，機械の不備が主たる原因であったことを見逃したものである。つまり，システムアプローチをとらないまま，多くの原因を調査することをしなかったため，刑事事件に至った。

　県立大野病院癒着胎盤事件（2004年）では，県は県立病院の医療体制の不備を不問にしたまま，被害者との示談を急いだため，前置胎盤の施術法に集中して，それについて担当医の責任とした。子宮摘出しなかったことを死亡の原因とする鑑定書に加えて，事故報告書のパーソンアプローチが原因となり刑事事件化に至った。

⑵　最近の調査報告の不充分性

　東京女子医大小児死亡事件（2015年）の当初の報告書では，プロポフォールの作用と禁忌の意味，ピシバニール硬化療法についての耳鼻科医の役割などに関して，分析や評価の不充分性が顕著である。

　群馬大及び千葉癌センターの腹腔鏡事件（2015年まで）の当初の報告書では，名古屋大腹腔鏡事件から続いている失敗を基にした予防策が生かされず，システムアプローチの分析はされていない。術者の熟練度，管理者の選任責任，開腹との選択などが充分分析されていないことなどを指摘できる。

5　調査方法の一元化へ向けて

　死亡事故調査分析モデル事業では，中立性や公開性を保ちつつ，システムアプローチの報告も多くみられ，一定の成果をあげてき

II 改正法の医療事故調査制度の個別課題

た。産科医療補償制度では，中立性に加え，報告書交付も含め，公開性が保たれている。補償すべき事案（出産に起因すること）の検討に限定されているものの，原因分析の成果と民事訴訟減少の実績がみられる。

新法の事故調査方法では，院内調査とセンター調査を二重にすべきか，どちらかに重点を置くべきかが課題になる。院内のデータ整理，時系列表作成，事前的視点の調査を前提として，これらをもとにセンターにおける分析と評価がされる。中立性と透明性は重要となる。

医療システムアプローチを徹底することがさらに求められる。

予防策としては，特定原因やヒューマンエラーと見えるものにとらわれず，背後のシステムの改善をすることである。将来的改善や制度的改善については，意見を出しても速効性はないが，極めて重要なことといえる。

結論として，効率性，真実追究，予防策公表を目的とすれば，院内調査とセンター調査は一元化して，早期に集中して短時間または短期間に事案解明し，多数の寄与原因を明らかにすることがベストといえる。

6　事故調査報告による民事解決

(1)　調査報告書の患者側への交付

院内調査とセンター調査の報告書は文書で交付されるべきである。遺族は真実の説明を，求めているので，第1に，医療倫理の観点からの理解を求めるべきである。遺族にとっては，再発防止

第 1 章　医療事故調査制度（予防）と法手続（補償・制裁）

も重要となる。

⑵　真実解明による訴訟前和解の促進

　事実関係が明らかとなれば，第 2 段階の民事的協議は円滑に進むし，訴訟前解決が多くなるといえる。

⑶　訴訟の減少（医師と患者，裁判所の負担軽減）

　第 1 段階の医療倫理上の分析は医師の専門分野であり，負担は大きくない。これに対して第 2 段階の民事手続では弁護士に任せばよいので，さらに負担は軽くなる。真実を下に交渉し和解が促進され，訴訟になっても損害論が中心となる可能性が高い。

Ⅲ　重要な課題と解決策

1　医療の複雑性・多様性

　ＲＣＡ（Root Cause Analysis）の方法は，原因複数化・寄与要因複数化（ロンドン・プロトコル）をするものである。筆者の提言している分割責任論に通じるものである。さらに，重なり合うミスが発生しないようなシステム構築責任（管理者）も具体化できる。判例でも内部統制責任として確立したものである。システム構築の義務が果たされている場合には，事故は発生するかもしれないという予見可能性が認められなくなる。つまり全く予想外の事象が発生したことになり，またこれに全員で対処することとなる。以上は従前の理論や解説により明らかにされたものといえる。

28

Ⅲ　重要な課題と解決策

　これに加えて，最新の業績である中島和江氏の「レジリエント・ヘルスケア」を参考に表2で医療の特性をとらえた。以下に同書から参考にすべき要点を紹介する。

・直線的比例関係（テイラー式アプローチ）は，医療にマッチしない。医師の裁量を重視したシステムアプローチが必要になる。複雑適応システムを作る必要がある。また，頻繁な不規則な変化をとりこんでいかなければならない。
・最高の安全（有害事象の発生率低下）や高いパフォーマンス（長寿，健康生活，高い費用対効果）を維持するため，高いレジリエンス（予期しない事態への適応）が必要となる。
・システムの動向，条件の変化，環境・制度の変化，警戒措置，調整，準備，予測（完璧性と効率性を損なう）が重要である。日常的な問題から小さな改善をし，情報共有やコミュニケーションを継続し，失敗予測と予防を計るべきである。
・「後追い型安全管理」より，「先行型安全管理」が重要である。前者ではインシデントレポートの滞貨がリスクとなる。
・プロトコール（標準化）や知識の半減期は5年〜2年といえる。
・イノベーションにおいて安全は犠牲になる。

2　(公)日米医学医療交流財団によるホスピタリストの養成支援

　米国の医療の質と安全の向上には，ハーバード大学とカリフォルニア大学サンフランシスコ校（UCSF）の2大グループが大き

29

第 1 章 医療事故調査制度（予防）と法手続（補償・制裁）

な貢献をした。UCSF のリーダーであるワクター教授の大著「Internal Bleeding」は，日本で 2007 年に「新たな疫病 "医療過誤"」の題名で出版されている。そこにも紹介されている通り，同僚のゴールドマン教授と共に，ホスピタリストの養成に尽力してきた。2016 年までの 20 年間でゼロから 5 万人に至った [15)]。

　ホスピタリストとは，当時新しいタイプの専門医であり，病院専門医と訳される。ホームドクターのプライマリーケアとは異なる役割を持ち，病院で複数の専門医の情報交換や調整を担当し，自らも治療に当たる専門医である。病院のコスト削減，入院期間の短縮，医療の質と安全の向上等の一体不可分の課題の解決に当たる。

　日本における医療安全の担当者は，事務職員，看護師に始まり，最近では副院長の地位も少なくなく，形の上では重視されるようになった。しかし，米国では，医療の質と安全は，患者に過大な経済的負担をかけさせずに，経営と技術の向上をさせ，患者と医療従事者の人間関係をまとめるトータルなケアをするべきとの思想に基づいたホスピタリストの大きな貢献により発展した。筆者が理事を務める(公)日米医学医療交流財団はこの度，ホスピタリスト養成の短期・長期の留学支援を行う計画を公表した。多くの医療機関からの協賛や参加が期待される。

3　医療事故情報収集等事業の活用

⑴　院内安全管理や個別調査において医療システムアプローチをとる際に，包括的調査予防制度において既に集積されたデータ

を参考にすることが重要となる。大量的分析をすることにより，事故とヒヤリハットの発生可能性が高い類型をさがしだしてきた。これを参考に予防策を作るのが能率的となる。

(2) 包括的調査予防制度とは医療事故及びニアミスの収集について，簡易手続き，匿名性，非懲罰性，自発的手続で行われるのが大きな特徴である。分析の重要性・困難性は，欧米でも指摘されている。医療事故ヒヤリハット収集事業の方法は，大量データの類型化であり，今やビッグデータの活用により大きな成果が期待できる。

類似ケースの類型化，設備類型による予防策，全施設共通の予防策，研修システムの構築などが必要となる。医療を支える外部の改善としては，メーカーの機械製造の改善，薬剤名変更，添付文書の改善などが重要である。教育への反映としては，医学教育，薬学教育，看護教育の中で安全教育をするのが効率的といえる[16]。

(3) 医療事故ヒヤリハット収集事業の課題としては，大量現象の公表の重要性を国民に認識してもらうことである。そして，その重要性に見合う予算を大幅に拡大すべき時期に来ている。同事業への国庫補助金は年約1億円にすぎない。医療安全に果たした実績をみれば，大幅に増加させるべきである。

事業開始以来，参加機関は約2倍，事故報告数は約3倍に増加した。報告義務対象医療機関を増加させることは必要であるが，省令の改正が必要となる緩やかな義務化をできるかは課題である。2016年1年間の事故報告の実績は以下のとおりである。

第 1 章　医療事故調査制度（予防）と法手続（補償・制裁）

報告義務	276 機関	－	3428 件
任意参加	755 機関	－	454 件
	1031 機関		3882 件

中小医療機関の収集・分析は重要といえるが未だ含まれていない。

医療機関の大小に関わらず，重要度の高い事例とその数は優先課題といえる。事故の多かった腹腔鏡は，報告事例となっていなかったかが検証されるべきである。先進医療における事故は予期できる死亡とするためか，報告は少ないとみられるので，その報告義務化は大きな課題といえる。また，今後そもそも予防策として多くの医療機関で，システム構築は可能かが具体的に検証されるべきである。

4　民事責任の円滑な運用

医療倫理の観点から事故報告書が作成されれば，事故についての多くの寄与原因が明らかにされる。これを前提として，次にどの範囲までが金銭賠償の対象となるか判断し協議するのが，法律家や弁護士の役割となる。医療側では，原則として医師個人は賠償義務を負わず，法人が支払義務を負う。民事訴訟で法人が敗訴しても保険金支払で解決するので，医療側に支払負担も発生しない。まずカルテ改ざんのない限り，刑事事件にならない。

しかし，医療側，特に医師個人が義務を負うと誤解して事実を曲げて争うことが多い。つまり民事責任と刑事責任との区別もつかずに争うのだと言われているし，医師のプライドで争うとも言

III　重要な課題と解決策

われている。しかし，事実を曲げるためにカルテ隠蔽などに走ることが多く，刑事告発への原因となるとの悪循環に陥っていることに気づいていない状況がある。以下のとおり，民事では法人の支払い義務，すなわち保険金支払い義務のみを対象としていることを十分に認識されねばならない。

⑴　使用者責任（民法715条）

特定の個人（複数可）の過失行為と死亡などの結果に相当因果関係の範囲にあるもののみ，民事責任が認められる。法人は個人に代わり責任を負う。

⑵　組織責任（法人責任）

民法415条（診療契約責任）や民法709条（法人の不法行為）により，法人が直接に責任を負う。ドイツの通説では開設者・指導医の組織義務（人・物・記録）が認められている[17]。

⑶　無過失補償制度（医療の向上に伴う必然的犠牲）

車両などの機械装置の事故や薬害では，消費者側に何らかの原因や責任がないため，無過失責任とされ，因果関係さえあれば，過失の証明は必要ないとされるようになった。

ニュージーランド，北欧三ヶ国，フランスでは，医療でも同様の無過失責任制度がとられた。日本でも産科医療補償制度として一部とり入れられた。しかし，それらの制度の理論的根拠は必ずしも明確ではなかった。諸外国では，無過失責任とする代わりに，調停による低額の損害額を受認させていった歴史がある。このよ

33

第1章　医療事故調査制度（予防）と法手続（補償・制裁）

うな中で，少なくとも前述の先進医療の進歩のための犠牲者には，
相応の額の無過失責任を認めるべきである。青戸病院事件は，腹
腔鏡の手技の初体験をしたところ，開復に切り替えるのに遅れた
ミスがあった例である。同様のトレーニングは常に実施されてい
る。すなわち，体験実施を通じて，医療技術の進歩により総体と
しての効用は高まったり，イノベーションによる安全と質の向上，
医療機器・薬剤・技術の向上がされた。これに貢献した犠牲者は
厚く救済されるべきである。この場合には，過失が類型的に明白
であり，それを問わないという意味での無過失責任賠償というこ
とになり，無条件に保険も適用するべきである。

(4)　医療保険

　医療安全システムが進めば，総体としての賠償金支払額は減少
する。

　そこで，複数回の事故発生を起こした医療機関に対して，保険
料の増額をすることはありうる（日本では交通事故保険でのみ実施）。
逆に医療安全システムの構築をした医療機関に対して，保険料の
減額を認めるのも有効といえる。(公)日本医療評価機構やＪＣＩ
などの評価を減額条件にしてもよい。

(5)　高齢者介護の特質

　高齢者の介護をめぐり骨折や窒息という事案に対する金銭賠償
請求が増加している。しかし，本人の病歴や高齢故の悪化があり，
医療倫理の分野と区別すべきで，届出すべき医療事故と扱う必要
はあまりないといえる。つまり，手術ミスなどの例外を除けば，

34

Ⅲ　重要な課題と解決策

予期できる死亡がほとんどであり，社会の理解を得つつ，届出や報告の義務から除外してよいと考えられる。

5　刑事責任の限定化

⑴　医療システムの特性

　日本の議論状況として，医療側の意見は，業務上過失致死傷罪を医療に適用すべきではないとし，法律家側は医療だけ例外にできないとされてきた[18]。しかし，いずれの側も多角的な分析が不充分であった[19]。さらに予防のための政策としては，自主規制，行政的指導を含めて検討すべきで，一方的に刑事罰に依存すべきものでなかった。システムアプローチ（医療の特質）において，表2のとおり機械装置（自動車，電車，飛行機）と異なる点に注目すべきである。医療は明らかに機械装置の扱いとは異なる。複雑，多様，重層的で裁量の広いシステムにおいて，刑事手続上の高度の蓋然性をもっての因果関係や過失の認定は不可能に近いので，刑事罰を適用すべきではない。但し，カルテ改ざんや隠蔽などを含む悪質な事案については，民事訴訟を阻害することは明白で，刑事手続から除外できない[20]。

⑵　刑事不可罰の理由

　①　刑事事件として，横浜市大患者取違え事件（1999年），広尾病院薬剤取違え事件（1999年），埼玉医科大抗がん剤過剰投与事件（2000年）その他多数が発生した。いずれも，医療安全や補償の制度の乏しい時代の現象であったといえる。

35

② 刑事手続を不要とする以下の制度の発展があった。

(a)民事訴訟の拡大, (b)院内安全管理制度, (c)医療事故ヒヤリハット収集制度, (d)医師への行政処分に戒告追加, (e)医療事故調査報告制度, (f)再教育制度

③ 不可罰理論の類型化を以下のとおり検討すれば, 理論的の類型をもって不可罰とできる。

(a) 単純過失についてのシステム構築責任：発生確率が低くても必ず発生するもので, 安全システム構築責任を負う管理者が主たる責任を負い, 直接関与者の責任は低い。

(b) 過失競合論の不適用：関与者全員の過失責任について, 一部の者の過失責任にすべきでない。故意共犯は加算累積犯とできるが, 過失の場合には加算できず, 一人だけをみれば行為と結果の違法性はなきに等しい。

(c) 信頼の原則：チームや組織への信頼が高まれば高まるほど, 医師各人の事故に対する予見可能性は低減する。

(d) 管理過失・組織過失の否定：刑事の管理過失と組織過失は, 刑事の個人責任主義に反する。また担当医の裁量があるので, 刑事の面では管理者の責任は軽減する。

(e) 予見可能性なし：安全システム完成義務の履行後, または安全予防策を実施後に, さらにシステムの更新をしている場合には, 事故の予見可能性は著しく低減する。

(3) 医療法21条の見直し

医師法21条（医師の届出義務）は, 死体の表面の異常（異状）のある場合, つまり医療過誤を除いて第3者の犯罪の場合に限定

して届出義務があると解釈することが正しい。平成28年2月，日本医師会は医師法21条の「異状があると認めたときは」について，「犯罪と関係ある異状があると認めたときは」と改定すること，及び「罰則（33条の2）を21条違反について削除すること」を提言した。

　上記文言が「犯罪と関係ある異状（医療行為に起因しないもの）があると認めたときは」と同義であれば，医療事故調査制度の推進に合わせて，改善すべきである。　　　　　　　（遠藤直哉）

参考文献

1）日経メディカル（編）（2015）『医療事故調査制度対応マニュアル』日経BP社

2）佐伯仁志（2006）「医療過誤に対する法的対応のあり方について——アメリカ合衆国の例」神山敏雄先生古稀祝賀論文集第1巻『過失犯論・不作為犯論・共犯論』成文堂，227頁以下

3）ロバート・B・レフラー，（2007）三瀬明子訳『医療安全と法の日米比較所収：生命倫理と法Ⅱ』弘文堂，171頁

4）WHO 一般社団法人日本救急医学会（2011）中島和江監訳『有害事象の報告・学習システムのためのWHOドラフトガイドライン』へるす出版

5）米国医療の質委員会／医学研究所（編）（2000）医学ジャーナリスト協会訳『人は誰でも間違える——より安全な医療システムを目指して』日本評論社
　続編（2002）『医療の質——谷間を越えて21世紀システムへ』日本評論社

6）JCAHO 相馬孝博監訳（2006）『患者の安全システムを作る——米国ＪＣＡＨＯ推奨のノウハウ』日本評論社

7）Charles Vincent，相馬孝博訳（2015）『患者安全 PATIENT SAFTY』

第 1 章　医療事故調査制度（予防）と法手続（補償・制裁）

（原書第 2 版）日本評論社，164-166 頁

8 ）遠藤直哉（2002）『取締役分割責任論』信山社

9 ）河野龍太郎（2015）「医療システムのリスク低減に向けた医療事故調査制度」（医療の質・安全学会誌 10 巻 4 号）434-441 頁

10）エリック・ホルナゲル，ジェフリー・ブレイスウェイト，ロバート・ウィリアーズ，（2015）中島和江訳『レジリエント・ヘルスケア ── 複雑適応システムを制御する』日本評論社

11）和田仁孝（2012）「無過失補償制度の導入の二つのモデル─スウェーデンとフランスの医療事故補償制度」（九州大学法政研究，79 巻 3 号）855-889 頁，
　　日本医事法学会（編）（2008）「シンポジウム／医療事故の無過失補償と医療の安全」（医事法学 28 巻）日本評論社 66 頁

12）長尾能雅，北野文将（2015）「医療事故調査制度の施行を迎えて」（医療の質・安全学会誌 10 巻 4 号）447-775 頁

13）ロバート・M・ワクター／ケイヴェ・G・ショジャニア，（2007）福井次矢監訳／原田裕子訳『新たな疫病「医療過誤」』朝日新聞社，492 頁

14）小松秀樹（2004）『慈恵医大青戸病院事件 ── 医療の構造と実践的論理』日本経済評論社

15）Wachter & Goldman（2016）Zero to 50,000-The 20th Anniversary of the Hospitalist, the New England Journal of Medicine

16）森本剛，中島和江，種田健一郎，柳田国夫（2010）『医療安全学』篠原出版新社

17）橋口賢一（2003）「ドイツにおける診療過誤と組織過失論」同志社法学 54 巻 5 号，129-190 頁

18）佐伯仁志（2007）「刑事司法の現状」『生命倫理と法 II』弘文堂 212 頁

19）日本医事法学会（編）（2008）「シンポジウム／医療事故と刑事責任」医事法学 23 巻，日本評論社，85 頁以下

20）石川寛俊（2004）『医療と裁判』岩波書店 174-188 頁

第2章

医療事故調査制度の国民的利用に向けた課題

I　はじめに

　医療事故調査制度は，平成26年6月18日に成立した改正医療法に盛り込まれた制度である。1999年1月に起こった横浜市立大学患者取り間違え事件や，同年2月の東京都立広尾病院事件をきっかけに，2000年3月翌年には医療安全対策連絡会議が開催され，行政では2001年4月に厚生労働省医政局総務課に医療安全推進室を設置する等した。2003年4月には医療安全対策検討会議「医療に係る事故事例情報の取扱いに関する検討部会」報告書が提出され，同年12月には医療事故報告範囲検討委員会が明らかに誤った医療・管理による死亡，予期しなかった死亡等を報告すべきことを提言するに至った。この間にも，2006年には福島県立大野病院事件が発生するなどしたが，2008年6月には大綱案が示されながらも，2012年2月から全13回開催された「医

第2章　医療事故調査制度の国民的利用に向けた課題

療事故に係る調査の仕組み等の有り方に関する検討会」での検討を踏まえ，その大綱案から大幅な修正がなされた医療事故調査制度は改正医療法により平成27年10月1日に施行されるに至った。

　医療事故調査制度は，医療事故調査報告書の提出による事例の蓄積により，具体的な再発防止策が社会に向けて発信されることを予定しているものの，同報告書が発信されても報告書を素材として，各医師が自分の問題として考え議論し，また社会として議論することがなされなければ，同制度の趣旨である再発防止が成し遂げられないこととなる。

　同制度は報告先として，医療事故・支援センターの機能を持つ一般社団法人日本医療安全調査機構とした。この機構に報告された医療事故件数は，平成27年10月から平成30年9月までの合計で1129件に及ぶ（その中でも投薬・注射（輸血を含む）に起因した医療事故の報告件数は同期間の合計で94件）。個別具体的な事案は公表されず，医療事故の問題点や再発防止策を医療現場にフィードバックできていないといった問題点があった。そのため，医療事故調査報告の制度趣旨が成し遂げられているとは言い難い状況であったが，現在改善を始めた状況のようである。

　医療事故調査制度の理念や目標を形骸化させないためにも，社会全体がこの制度を利用することを推進する必要がある。従前においても他方の公益財団法人日本医療機能評価機構による医療事故情報収集等事業においては，医師や薬剤師，看護師といった医療従事者の重大事故やヒヤリハット等を報告し，報告書を取りまとめたうえで再発防止に役立てるために社会にフィードバックしてきた。医療事故調査制度においても，繰り返される薬剤事故の

40

再発防止に向けて，医療の質を確保・向上させるための具体的活用が望まれるところである。

　包括的医療事故調査制度である公益財団法人日本医療機能評価機構の医療事故情報収集等事業と，個別的医療事故調査制度である一般社団法人日本医療安全調査機構の医療事故調査の各役割は制度設計の趣旨からも異なる。ただ，双方ともに再発防止を目的とする点では共通しており，その意味において相互補完しながら国民的利用を促進することが社会的に求められる。医療安全の場面においてはヒューマンエラーを主要因とすることから，複雑系である医療現場特有の原因を分析し，その結果を浸透させることでより一層の再発防止に寄与すると考えられる。このような視点で，医療事故調査制度の国民的利用に向けた課題を分析・検討したい。

Ⅱ　医療事故調査制度

　医療事故調査制度は，形はどうあれ各国に用意されているものの，その根源となるのは，医療に関する有害事象の報告システムについての WHO ドラフトガイドライン[1] である。同ガイドラインでは報告システムとして，「学習を目的としたシステム」と「説明責任を目的としたシステム」に大別して紹介している。

　そのうえで，学習を目的としたシステムとは，懲罰を伴わないこと（非懲罰性），報告システムが報告者や医療機関を処罰する権力を有する官庁からいずれも独立していること（独立性），報告者，患者，施設を特定しないこと（秘匿性），を少なくとも必

第2章　医療事故調査制度の国民的利用に向けた課題

要としている[2]。日本で先行した包括的医療事故調査制度である公益財団法人日本医療機能評価機構の医療事故情報収集等事業は，このWHOガイドラインの3要件を満たした制度である[3]。そのため，責任追及を目的とするものではなく，再発防止に向けられた制度となっている。

大綱案で示された医療事故調査報告は，現行の医療事故調査報告とはやや様相を異にしていた。というのも，現行の医療事故調査報告先は医療事故調査・支援センター（現在では一般社団法人日本医療安全調査機構）とされているものの，大綱案においては政府内に設置される医療安全調査委員会を所管する大臣に提出することとなり，調査主体も医療安全調査地方委員会，特定機能病院等については院内調査実施義務とされ，悪質な事例については医療安全調査地方委員会から通知されるものとされていたためである。このようにWHOドラフトガイドラインにいう独立性の要件を欠き，場合によっては非懲罰性を欠く事故調査報告が予定されようとしていた。

しかしながら，2006年に発生した福島県立大野病院事件をはじめとして，医療事故への警察介入が相次いだ。また，医療事故に起因した民事上の請求は，1970年代から1990年代初頭にかけて徐々に増加し，2004年をピークにして増加した[4]。医療界は医療実務に対する法的，行政的介入に反対する運動を行うこととなった。

このような社会背景から，医療界は大綱案による医療安全調査委員会から警察への通知により医療行為への萎縮を懸念し，大綱案の議論は，医療界から反発を招くこととなったことや政権交代

などの理由により，大綱案が大幅に修正されることとなった[5]。

Ⅲ　包括的医療事故調査制度と個別的医療事故調査制度

　日本には，ヒヤリハットを含めた包括的医療事故調査制度として，公益財団法人日本医療機能評価機構の医療事故情報収集等事業があり，そのうえで予期しない死亡や死産に特化して報告する個別的医療事故調査制度として，一般社団法人日本医療安全調査機構の医療事故調査制度がある。

　しかしながら，包括的医療事故調査制度と称したものの，その報告事例には大病院を中心とした報告となっている。すなわち，日本における包括的医療事故調査制度の参加医療機関は，国立高度専門医療研究センターおよび国立ハンセン病療養所，独立行政法人国立病院機構の開設する病院，大学付属施設である病院，特定機能病院および任意医療機関からなる。そのため，大規模または中規模の施設を有する病院が主な対象となる。そのため，小規模の施設を有する医療機関における報告事例は必然的に少数となる。一方で，個別的医療事故調査制度は死亡又は死産に限定したものの，全ての医療機関を対象としているため，その意味においては小規模の施設を有する医療機関における報告事例も対象としているので，本来は膨大な医療機関による報告書が提出されるはずである。

　このような特性を有する日本の制度であるが，海外では日本と異なりより大規模な報告制度がみられる。オーストラリアには医

43

第2章　医療事故調査制度の国民的利用に向けた課題

療の質・安全の向上を目的とする制度と，死因究明を目的とする
制度があり，前者の制度が AIMS（Australian Incident Monitoring
System）[6] で，後者の制度がコロナー制度である。AIMS はセン
チネルイベント（患者死亡および傷害）およびニアミス（潜在的な
害を伴う医療エラー）の両方の事象を報告するシステムである。
AIMS はオーストラリアの病院の半数以上（約600病院）で使用
されている。AIMS は運営団体である APSF やその子会社である
PSI を通じて学術誌や医学雑誌等の多くの刊行物を出版して，研
究成果や警告を発表している。AIMS が収集したデータはオース
トラリア連邦品質保証法によってディスカバリー制度から保護さ
れており，非公開とされている。他方で，コロナー制度の報告対
象となる死亡原因は医療関連死のほか，事故死，自殺，中毒死と
いった全ての死亡原因情報が毎年約2万件のペースで収集される。
このように大規模で，かつ網羅的に報告する制度が用意されてい
る。

　さらに英国患者安全庁による RLS[7] では，NHS に属するほぼ
すべての医療機関が当局の要求に応じて報告している。医療機関
のサービス分類としては，医院・総合病院，精神保健サービス，
コミュニティ・トラスト，救急サービスが挙げられる。2017年4
月から9月のたった6か月間で，イングランドから971，542件
のインシデントが報告され，2016年の同時期における報告数よ
り3．1%増加したと報告されている。英国では圧倒的な報告数
により，事例から学習することで患者の安全性を改善するための
取り組みを提供するとともに，報告書を提出する文化をはぐくむ
と共に，医療安全や患者安全を全国的に改善できることを推進し

44

ている。RLS が収集したデータは解析されたうえで公表されることから，個人情報は非開示となる。

　日本における包括的医療事故調査制度においても，公益財団法人日本医療機能評価機構により収集された情報は非開示とされ，分析した後に公表されているものの，英国や豪州のように国内のほとんどの医療機関が参加する収集事業となっていない。そのため，事例分析的な情報及び定量分析的な情報の収集とその分析結果等に基づく情報の提供に尽力され，医療事故やヒヤリハットの傾向を掴むことや大規模や中規模といった類似の医療機関における学習には適しているものの，規模が異なる非類似の医療機関における学習には不向きとなる。一方で，日本における個別的医療事故調査制度において，公開されるのは患者の遺族のみを原則としており，また包括的医療事故調制度のような匿名による分析公表においても，医療事故の傾向を掴むには事例数が相当数限られてくることから，上記海外の事例報告制度と比べ，十分な学習効果が得られるかが不透明となっている。また，日本における制度においては，予算規模や調査財源にまで踏み込んで比較すべきと考えられる。

Ⅳ　報告件数と予定件数の乖離とその原因

　医療界が医療実務への行政的，法的介入に対して反対した末，海外の行政主導の制度と異なり，現行の医療事故調査制度では第三者機関へ報告するものとし，その調査主体も病院管理者が当該病院等に勤務する医療従事者が提供した医療に起因し，又は起因

第 2 章　医療事故調査制度の国民的利用に向けた課題

すると疑われる死亡又は死産について，当該死亡又は死産を予期しなかったものか（報告対象）どうかを判断して，当該病院が第一次的に自主的に行うものとされ，医療界の自浄作用・自己チェックを優先する制度となった。

　そして制度開始前には報告件数として年 1300～2000 件を目標として掲げた。しかしながら，医療事故・支援センターの機能を持つ一般社団法人日本医療安全調査機構に報告された医療事故件数は，平成 29 年 3 月の時点で 487 件（その中でも投薬・注射（輸血を含む）に起因した医療事故の報告件数は 39 件）にすぎず，予定件数には到底及ぶものではなかった。

　報告件数が予定件数に大きく到達しなかった原因は何であろうか。主たる原因は報告対象となる死亡又は死産が報告対象期間で発生した医療機関が絶対的に少なかったと信じたいところではあるが，その他にも原因があるかもしれない。

　原因として考えられる一つは，医療機関が調査報告書を遺族へ開示すると，訴訟や捜査機関に使用される懸念があるとして調査報告制度のスキームに乗せることをためらうことである。先述したとおり，医療界には 1990 年から 2004 年の民事訴訟の増加の歴史や警察への介入が増加した苦い経験がある。そのため，こういった苦い経験を繰り返さないようにするために，患者側へ真実を説明し，理解を得るため，医療機関が責任追及の端緒となる調査報告書を開示することが考えられる。

　すなわち，WHO ドラフトガイドラインでは非懲罰性をうたうものの，かかる非懲罰性は医療事故調査報告が行政機関・捜査機関に直接提出することで医療機関に処罰を与えることのみを想定

IV　報告件数と予定件数の乖離とその原因

しているにすぎず，医療事故調査報告書が民事上および刑事上の責任を追及する資料と使用されることを禁止するか否かは各国の裁判制度に委ねられる。しかしながら，改正医療法においても事故調査報告書が民事裁判および刑事裁判の資料とすることを禁じる規定を設けることまでしなかった。医療従事者は複雑系の中で活動するなかで誤りを犯す可能性があるが，こういった複雑系を対象とする高リスク産業は航空産業等のように他にも見られることから，医療のみを免責するという合理的な根拠が見いだせないからであろう。

　他の原因の一つとしては，管理者を死亡又は死産の判断主体とする制度を改正医療法によって採用したところ，病院経営の観点から報告による恩恵が管理者になく，調査報告の結果が訴訟や捜査機関に使用される懸念を有するといった潜在化するリスクのみを負担しなければならず，病院管理者は調査報告を避ける行動をとる結果となっているおそれがある。予期しない死亡又は死産は医療現場で生じているのであって，医療現場の担当医師等のみがその事実関係を正確に把握することとなるものの，管理者は予期しない死亡又は死産なのかを判断する事実関係の材料を持ち合わせておらず，担当医師等から報告されても不明なことが多いため，管理者が「予期した」「予期しない」の判断を正確にできないおそれもある。そうであるならば，管理者は法律の専門家ではないことから弁護士等の専門家に法的助言を遂次求めることになるにしても，病院管理者は調査報告の結果が訴訟や捜査機関に使用される潜在的リスクや病院経営上のリスク，報告による恩恵のなさを総合的に考慮して判断するおそれも否定できない。もっといえ

47

ば，「予期しない」との文言を病院に有利に解釈することで担当医師等が報告対象事案と取り扱わないこととし，管理者に報告されない結果，調査委員会が開催されないといった事案も考えられるところである。

先述のとおり，医療事故調査制度は医療界の自浄作用・再発防止を自発的に発揮することが求められる制度であることから，こういった判断がされているのであれば厳に慎むべきである。ただ，死亡又は死産に関する要件該当性の有無を報告するシステムとなっていないため，報告対象事案が適切に全て報告されているかどうかは実際のところは不明である。

仮にこういった事案が存在するのであれば，この制度の欠陥は医療事故調査制度のスキームを開始させる要件に該当するかどうかの判断過程を監視するシステムが存在しない点だということとなる。

それでは報告件数が予定件数に到達するにはどういった制度保障や条件があればよいか。

日本の医療事故調査制度は他国と比べて，当事者や当該病院の権利を保護する（調査対象者保護）の仕組みが不十分であると考えられる。先述のとおり，病院管理者には医療事故調査報告に対する恩恵を得られるわけではないし，調査報告に参加した担当医師や担当看護師が民事および刑事で免責されることはない。

病院管理者が報告により受けるメリットとしては，米国ヴァージニア州やフロリダ州において，1980年代に限定的ではあるが認められた無過失損害補償制度が例として挙げられる。日本でみられる無過失補償制度は，厚生労働省が定義した脳性小児まひを

IV 報告件数と予定件数の乖離とその原因

もって生まれた両親に対して一時金等を支払う制度であり，これは調査報告に対するメリットを与える制度ではない。後述するように，民事的な個人責任救済のために，無過失補償制度を取り入れようとしたものの，頓挫している。このような行政的なメリットを与える制度を拡充するか，そうでなければ保険制度の拡充によりより一層の保護を与えることが考えられる。

　医療機関は院内調査結果を医療事故・支援センターの機能を持つ一般社団法人日本医療安全調査機構に医療事故報告書として提出することになるが，かかる報告書で担当医師や担当看護師等の医療従事者について匿名化されるといった医療法施行規則1条の10の4第3項が存するものの，それ以外の調査対象者保護規定は見当たらない。調査に協力・参加した担当医師や担当看護師が刑事免責を受けられるとの恩恵を与えることは刑事法の体系から現行法困難であるものの，平成30年6月から改正刑事訴訟法によって施行された不起訴合意制度を利用することはできないか今後検討が必要となる。

　現在の法的な医療事故処理では，過失責任主義に基づくため，医療従事者の行為に過失がなければ責任を負う必要がないことから，医療従事者が過失ある行動をとらないよう法的に抑制しており，これが事故防止・予防を担っていると理解されている。ただ，このように「ミスをした」という個人へのレッテルを張られないよう医療従事者の行動を求めるがゆえに，医療従事者の協力を得て再発防止を行うことを難しくさせている。また，過失責任主義の下では，医療従事者のミスがなければ，金銭賠償の責任も発生しないことから，患者への金銭的な救済も一向に進まない結果と

49

第2章　医療事故調査制度の国民的利用に向けた課題

なっている。

　そこで，医療従事者のミスの有無に関わらず，患者への金銭的な救済を行い，これを契機として，原因究明・再発防止を進めようという考え方もある。例えば，日本弁護士連合会は，2007年3月16日，医療事故に対して，無過失補償制度を提案した[8]。これは医療事故の被害者の救済と，より安全で質の高い医療の実現を求め，医療従事者の過失を問わない制度で，金銭賠償を目的としない医療事故調査を行い，事故原因究明，同種事故の再発防止策を策定する制度であるが，この制度は現在のところ実現していない。

　以上のような恩恵を与えるかどうかは今後更なる検討が必要となるものの，無過失補償制度を導入するとすれば憲法上保障される裁判を受ける権利を残し，各人の選択または併用を可能にする制度とすることが望ましい。

　いずれにしても，病院・医療の公共的性質から医療事故の問題点や再発防止策を医療現場および社会に広くフィードバックし公開することが重要である。現行の制度では調査報告書の開示対象者を遺族に限定しており，こういった恩恵を与える前提を欠くため，調査報告書の公開化が待たれるところである。

V　調査報告の体制の在り方
── 自発型と第三者型の比較 ──

　改正医療法における医療事故調査は，第一次的に病院等の管理者が行うものとし，第二次的に管理者・遺族の依頼により医療事

Ⅴ　調査報告の体制の在り方―自発型と第三者型の比較―

故調査・支援センターが行うこととしている。ここでは前者を自発型調査と呼び，後者を第三者型調査と呼ぶ。

このように医療事故調査制度は自発型調査と第三者型調査のハイブリッドで構成しているが，それぞれの調査には長所と短所があるので触れておきたい。

自発型調査は事故が発生した病院に所属する調査委員会のメンバーが問題となった事故事象の原因を分析するに際し，資料の確認・点検をするほか，当事者や関係者の聞き取りを行いながら事実関係を洗い出し，その原因と結果，再発防止策を調査報告書にまとめることとなる。

こういった自発型調査の長所は調査委員会が現場担当者と近い距離感の中で事実関係を調査することができる点にある。また，調査委員会の構成員は当該病院の医師等であることから，当該病院の特性や慣習，規則を熟知しており，医療事故の背景を把握しやすく，こういった背景を踏まえた具体的な再発防止策を記載することができるため，本来であれば充実した調査報告書をまとめることができる。

一方で，自発型調査は一定程度の閉鎖性のある調査委員会が作成することとなるため，調査過程の透明性を確保することが難しい。つまり，調査報告書が遺族に開示されることとなったとしても，遺族を含めた第三者は公表された事実が真実と合致するかどうかを検証する術を有していない。そのため，事故調査の目的の一つは再発防止策であるものの，真に必要な再発防止策が調査報告書に記載されているとは限らない。さらに，再発防止策の提言をすることはできるものの，再発防止策の実施について事後的な

51

第2章　医療事故調査制度の国民的利用に向けた課題

チェック機能が作用しにくいという短所がある。

第三者型調査は，独立した機関に所属する構成員からなる調査委員会のメンバーが問題となった事故事象の原因を分析することとなるため，客観性をもった調査報告書をまとめることができるという長所がある。

一方で，これは自発型調査の裏返しとなるが，第三者が当該病院の特性や慣習，規則等に関連する独自の事情を全て拾い上げることは難しく，これらの事情を踏まえた十分な調査報告書を作成することが難しい。また，第三者の調査委員会は捜査機関等とは異なるので，その調査手法や能力に限界があるといった短所がある。

改正医療法による医療事故調査制度はハイブリッドの調査システムを併せ持つことからそれぞれの長所と短所をうまく相互補完させながら実施することが望まれる。

VI　責任追及とリスクマネジメント
─パーソンアプローチとシステムアプローチ─

医療現場を構成するのは医療従事者個人であるため，個人的なエラーの原因を分析することは重要である。個人的なエラーのリスクが高まる状況として考えられるのは，経験不足，時間不足，不適切な点検，手順の不手際，不適切な情報を与えること，といったことが考える。これらのエラーを解消するために，指差確認，ダブルチェック，チェックリストなど色々な手法が採られており[9]，こういった方法は学術的にも効果的な方法とされている。

52

VI 責任追及とリスクマネジメント─パーソンアプローチとシステムアプローチ─

　しかしながら，医療現場は複数の危険な状況・偶然が重なるため，組織として複雑系として評価することができる。このように組織の複雑さゆえに，組織の特徴に着目してエラーを分析することは非常に重要となる。

　一方で，医療現場は長時間勤務，人員確保の難しさ，責任分担が不透明，類似医薬品，医療機器の使用といったように，複合的にエラーを引き起こす体制となっており，これらがシステム・エラーを引き起こすおそれが高い。

　このような医療特性があるものの，刑事罰は組織に課されることはなく，個人に対する責任追及の結果として課される。先述のとおり，医療は複雑系であり様々な危険な状況・偶然が重なり，その結果として医療事故が生じるものの，その刑事責任は最終行為者である特定の個人に帰責することとなる。

　現在の刑事司法制度は原則として組織責任を観念せず（法人に対する罰金を除く），個人責任を追及する法体系となっていることから，刑事罰の対象を変更することは難しい。

　しかし，医療安全の観点からすれば，刑事罰により責任を特定の個人に負わせたから，当該医療事故が終了したとするのでは，事案から再発防止を検討することはできない。そうした医療安全の観点を取り入れるとすると，個人責任を追及して個人による原因行為を分析する手法をパーソンアプローチと呼び，他方で医療事故には，事故の原因の根源は組織全体の欠陥や瑕疵にあるとして，この根源を分析する手法をシステムアプローチと呼ぶことができる。パーソンアプローチでは，個人責任といういわば「点」での再発防止を主眼とするより，特定の個人に対して「あるべき

53

第2章　医療事故調査制度の国民的利用に向けた課題

理想像」を求め，そのような理想像に沿った再発防止策を提言することとなる。システムアプローチでは組織全体の欠陥といういわば「面」での再発防止を主眼とすることとなる。具体的にいうと，特定の事件の関係者（院長，各診療科教授，製薬会社，薬剤師，看護師，主任医師，担当医師など）のうち，数名または一人の行為の是非に焦点をしぼり，当該事案の原因を分析し，責任を認定することとなるのがパーソンアプローチである。

　例えば2歳10か月の男児に対して，東京女子医科大学病院ICUにおいて，人工呼吸中の小児には鎮静目的で使用することが禁忌とされているプロポフォールを長時間にわたり使用したことから，プロポフォール注入症候群により死亡した東京女子医科大学事件を取り上げるとする。プロポフォールを投与したICU医師が長期投与を決定したとして，当該医師の責任を追及する構造が出来上がる。

　一方で，システムアプローチを採用すると，特定の事件の関係者のネットワークや組織的欠陥における原因を究明する分析アプローチとなる。例えば，ピシバニールの硬化療法を利用して治療する耳鼻咽喉科医師，プロポフォールの医薬品情報を提供する薬剤師，それぞれをサポートする看護師の行動，その他院長，各診療科教授，製薬会社，主任医師，担当医師などといった医療にかかわる人物の役割といったように，これらのネットワークを構築する病院体制全体の構造について分析し原因を究明することとなる。

　世界に視点を広げてみると，システムアプローチを医療安全に取り入れようとする大きな動きが広がった。1999年の米国医学

院（Institute of Medicine:IOM）の報告書「過つは人の常（To err is human）」の発表に見られるように，米国・英国・カナダ・オーストラリアといった英米法国では，個人責任を追及することよりも，事故の原因を究明し，再発防止するというリスクマネジメントを重視し，医療安全の視点を徹底していき，刑事司法制度の運用を制限することが試みられた[10]。

　日本においては，刑事責任のみならず民事責任においても，契約責任主義・過失責任主義が伝統的に継続していることから，個人の責任を追及する構造となる。そして，個人責任を前提として，使用者責任の法理で医療法人が責任を負うこととなる。このように民事責任においてもシステムアプローチではなく，パーソンアプローチによる責任追及がなされる。

　これについては，先述のとおり，被害者と加害者の間の情報格差は医療事件に限られずとも種々にわたり存在することから，無過失責任補償制度の導入の声もある。しかし，現行法はあくまで，被害者である患者に過失の立証責任を負わせないとすることを前提としており，これを導入することは難しく，また無過失補償制度の原資を確保することも国家財政上困難な状況である。

　結論として，民事責任の裁判構造と医療安全は目的を異にするので，患者への補償は保険制度の運用として論じる方が良い。医療安全においては先述のとおり再発防止策を検討するうえで，組織全体に着目し，構造上の欠陥の原因を探り，その改善策を図っていく，という視点を中心に考察すべきである。また各国比較を検討しても，個別的医療事故調査制度は行政官庁への報告を要素としており，このような制度を日本に導入するモデルとして大綱

55

第 2 章　医療事故調査制度の国民的利用に向けた課題

案が提示された経緯に鑑みて，行政機関による公表や行政指導などをさらに盛り込んだうえで，大綱案を軸とした制度に変更することも検討されなければならない。そのうえで，医療現場においては更に学習を深めて患者安全に資する医療環境を整えていくことを切に期待する次第である。

（中村智広）

参考文献

1 ）中島和江（2015）『有害事象の報告・学習のための WHO ドラフトガイドライン』株式会社へるす出版
2 ）Charles Vincent（2015）『患者安全』篠原原出版新社
3 ）厚生労働省　http://www.mhlw.go.jp/file/06-Seisakujouhou-10800000-Iseikyoku/0000098699.pdf
4 ）ロバード・B・レフラー（2015）「患者が亡くなる原因を究明する：医療事故調査をめぐる日本, 合衆国, 台湾における法的, 政治的論争」，上智法学論集 5 巻 59 号 95-112 頁
5 ）伊藤慎平（2014）『医療機関における医療事故に係る調査制度について』損保ジャパン日本興亜
6 ）APSF　https://apsf.net.au/publications/
7 ）NRLS：OPSIR commentary Final data to September 2017, 2018
8 ）日本弁護士連合会
https://www.nichibenren.or.jp/library/ja/opinion/report/data/070316_2_000.pdf
9 ）相馬孝博（2013）『WHO 患者安全カリキュラムガイド』メディカ出版
10）清水真（2008）「医療事故調査手続と刑事法」明治大学法科大学院論集 5 号 103-119 頁

第 3 章

Japanese Patient Safety Reforms in an International Context

〈対訳〉

第3章

Japanese Patient Safety Reforms in an International Context

I Introduction

This article addresses, in an international context, three themes concerning Japan's efforts to improve patient safety. First, the article presents comparative international statistics on various aspects of health care spending and health care results. These statistical comparisons raise, among other issues, a fascinating conundrum: reported Japanese mortality statistics relating to medical error are much lower than estimates for medical error-associated deaths in American hospitals. The article explores alternative explanations for this striking disparity.

Second, the article outlines various ameliorative efforts aimed at improving patient safety in the United States and Japan. The article adopts a functional approach to law reform efforts, noting that first the nature and the extent of the problems must be grasped through effective information collection activities, and then useful strategies for patient safety

〈対訳〉

国際的考察による
日本の患者安全改革

Ⅰ　は じ め に

　本稿は，国際的考察による患者安全の改善のための日本における取組みに関する３つのテーマを取り上げる。最初に，本稿は医療費と医療結果の様々な側面に関する国際比較統計を紹介する。この統計的な比較は，いくつかある問題の中でも特に興味を引く難題を提起する。それは，医療過誤に関連する報告された日本の死亡統計は米国の病院における医療過誤に関連する死亡の推定値に比してはるかに低いという点である。本稿は，この著しい差異について代わりとなる説明を検討する。

　第二に，本稿は米国と日本における患者安全の改善を目指す様々な取組みについて概説する。本稿は法改正の取組みに対して機能的アプローチを採用しており，初めに有効な情報収集活動を介して問題の性質と範囲を把握すべきであること，そして次に患者安全の改善に向けた有効な戦略を特定すべきであることを指摘

第3章　国際的考察による日本の患者安全改革

improvements must be identified. Resources then must be gathered and directed toward implementing these strategies – among which the focusing of safety-oriented incentives is a key element.

Third, the article describes in summary fashion various law reform efforts that have been undertaken in the United States and Japan. Among these are laws relating to patient safety and those modifying the civil law of medical malpractice; no-fault compensation systems; and Japan's new nationwide health care accident investigation system, now in the process of implementation. The article concludes with a preliminary critique of the implementation of that new system, suggesting that it lacks in important respects.

II　Health Care Spending and Health Care Results: International Comparative Statistics

As Figure 1 illustrates, the United States spends a far greater proportion of its Gross National Product on health care than any other nation – as of 2016, over 17% of GNP, compared with Japan's 11%[1]. Unfortunately, that massive amount of health care spending does not result in outcomes comparable with other advanced nations, with respect to several important health measures. In life expectancy, Japan (the world's leader) far outstrips the U.S., as do many other European and Asian nations (Figure 2)[2]. Infant mortality rates are far higher in the U.S. than in Japan (again, the world's leader) and in many other European and Asian countries; moreover, in some American states, infant mortality rates reach third-

60

する。その後，こうした戦略の実行に対してリソースを収集して向けるべきである——その中でも，安全志向のインセンティブが重要な要素である。

　第三に，本稿は米国と日本で実施されている様々な法改正の取組みの概要を説明する。その一例は患者安全に関する法律および医療過誤に関わる民法を修正する法，無過失補償制度，そして現在施行過程にある日本の全国的な新医療事故調査制度である。本稿はこの新制度の実施の予備的批評で締めくくるが，この結論でこの新制度が重要な点に欠けていることを指摘する。

II　医療費と医療結果：国際比較統計

　Figure 1 が示すように，米国の対国民総生産比での医療費の割合は世界のどの国よりもはるかに高く，2016 年時点で日本が対 GNP 比で 11％であるのに対して米国は 17％となっている[1]。残念なことに，この巨額の医療費は，いくつかの重要な医療評価指標に関しては，その他先進国に匹敵するほどの結果をもたらしていない。平均寿命では日本が米国を大きく上回っており（日本は世界トップである），多くのその他欧州ならびにアジア諸国も米国に勝っている（Figure 2）[2]。乳幼児死亡率は米国では日本そして多くのその他欧州とアジア諸国よりも非常に高い（日本はやはり世界トップの低さである）。さらに，米国内のいくつかの州では乳幼児死亡率は第三世界レベルである（Figure 3）[3]。確かに，国

第 3 章　国際的考察による日本の患者安全改革

world levels (Figure 3)[3]. To be sure, many other factors besides the quality of a nation's health care system, such as nutrition, education, and social services, enter into outcome results for such measures as life expectancy and infant mortality. However, these statistics do evidence serious problems with the fairness and efficiency of the American health care system in comparison with that of other nations, especially Japan.

An outcome measure more tightly focused on health care quality is hospital mortality resulting from less-than-optimal medical care. How do the United States and Japan compare with respect to deaths from preventable adverse events in hospitals?

According to the U.S. Institute of Medicine's path-breaking report *To Err Is Human: Building a Safer Health System,* an estimated 44,000 – 98,000 preventable deaths occur each year from medical mismanagement in U.S. hospitals[4]. Those estimates, based on expert reviews of thousands of randomly selected patient records at hospitals in New York, Colorado, and Utah, have recently come under criticism: that they seriously *underestimate* the extent of preventable mortality in U.S. hospitals. According to the Centers for Disease Control, hospital infections from contaminated catheters alone kill 28,000 patients per year[5] — and most of these represent preventable deaths[6]. Other hospital-acquired infections kill tens of thousands more. Researchers at Johns Hopkins University estimated in 2016 that fully 251,000 Americans die annually from medical error – the third leading cause of deaths in the United States[7].

Ⅱ　医療費と医療結果：国際比較統計

の医療制度の質とは別に，栄養状態，教育そして社会サービスといったその他要因が平均寿命や乳幼児死亡率等の評価指標についての結果の一因となっている。しかしながら，こうした統計値は，その他諸国とりわけ日本と比較したときの米国の医療制度の公平性と効率に関する重大な問題を証明するものである。

　医療品質にしっかりテーマを絞った効果指標と言えば，最適以下の医療に起因する院内死亡率である。病院での予防可能な有害事象に起因する死亡に関して米国と日本はいかに比較することができるだろうか？

　米国医学研究所が発表した先駆的報告書である「*To Err Is Human: Building a Safer Health System*（人は誰でも間違える）」によれば，米国の病院では医療管理ミスによって毎年 44,000〜98,000 件の予防可能な死亡が発生していると推定される[4]。ニューヨーク，コロラドそしてユタの各州の病院で無作為に抽出した数千の患者記録の専門家調査に基づくこの推定値が最近批判を浴びている──つまり，この数値は米国の病院における予防可能な死亡率の範囲を低く見積もっていると言うのである。疾病対策センターによれば，汚染されたカテーテルに起因する院内感染だけでも年間 28,000 人の患者が死亡している[5]──そしてその大部分が予防可能な死亡に該当する[6]。そして，その他院内感染が数万人以上の死亡原因となっている。ジョンズ・ホプキンス大学の研究員は 2016 年に年間で総計 251,000 人の米国人が医療過誤で死亡していると見積もった──この数値は米国での死亡原因の第 3 位に相当する[7]。

63

第 3 章　国際的考察による日本の患者安全改革

How does Japan compare? According to a 2013 estimate by the Ministry of Health, Labor & Welfare (MHLW), there are between 1,300 and 2,000 treatment-related deaths in Japanese hospitals annually – a far smaller mortality toll, adjusted for population, than in U.S. estimates. Why this puzzling disparity of health care results in the two nations? Three theories, at least, come to mind:

1. Japanese hospitals are far safer than U.S. hospitals.
2. Japanese physicians, on the whole, engage in less-risky treatments than American physicians do, so fewer of their patients experience adverse events.
3. Either Japanese or U.S. mortality estimates, or both, suffer from data collection biases, so they are unrepresentative of actual conditions.

Let us consider these three theories. They are not mutually exclusive, but they may differ in plausible explanatory power.

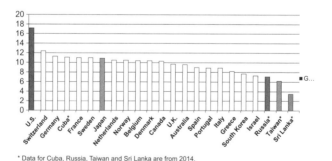

* Data for Cuba, Russia, Taiwan and Sri Lanka are from 2014.
Sources: OECD 2017 report, http://stats.oecd.org/Index.aspx?DataSetCode=SHA; World Bank, http://data.worldbank.org/indicator/SH.XPD.TOTL.ZS (2014 data).

Figure 1　% of GDP Spent on Health Care, 2016*

II 医療費と医療結果：国際比較統計

　これに比して日本はどうだろうか？厚生労働省（厚労省）の2013年の推定では，日本の病院では年間1,300〜2,000件の治療関連の死亡が発生している — 人口調整済みで米国の推定値と比較すると非常に低い死亡率である。二国間にはなぜこのような医療結果の不可解な差異が存在するのだろうか？少なくとも3つの理論が思い浮かぶ：

1. 日本の病院は，米国の病院よりもはるかに安全である。
2. 日本の医師は，全体として米国の医師よりもリスクの低い治療法を取っており，それゆえに患者における有害事象の発生が少ない。
3. 日本または米国の死亡率の推定値，あるいは双方の数値にはデータ収集バイアスが生じているため，実際の状態を代表するものではない。

　ここでは，この3つの理論について検討していくことにする。これらの理論は互いに矛盾するものではないが，その妥当な説明力には相違があるかもしれない。

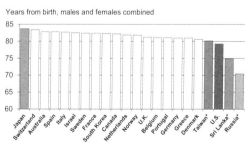

Figure 2　Life Expectancy Comparison, 2015*

65

第 3 章 国際的考察による日本の患者安全改革

Are Japanese hospitals likely to be safer, on the whole, than U.S. hospitals? The evidence is inconclusive. Charles Vincent collected studies performed in the late 20th and early 21st centuries of adverse events in seven advanced nations[8]; Sakai[9] and Ikeda[10] later supplemented that collection with analogous studies in Japan. The results are summarized in Figure 4. It would be improper to compare the reported adverse event rates and conclude that one nation's hospitals are safer or more dangerous than another nation's, since the various definitions of "adverse event" and the various study methods differed substantially. The adverse event rates from the three earlier U.S. studies (4.7%, 3.7% and 2.9%) do not prove that U.S. hospitals are superior to Japanese hospitals (with adverse event rates variously estimated as 6.0%, 10.0% and 11.3%). What can safely be said, however, is that in every advanced nation, the quantity of medical mismanagement and resulting injury to patients is quite high – probably higher than any nation's public or health care profession would expect.

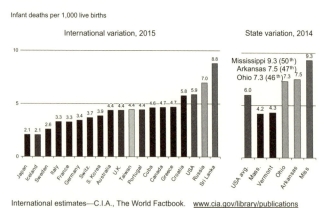

Figure 3 Infant Mortality Rates

Ⅱ　医療費と医療結果：国際比較統計

Study		Records Date	# of Records	Adverse event rate
U S A	California	1974	20,864	4.7%
	Harvard MPS: NY	1984	30,195	3.7%
	Utah-Colorado	1992	14,052	2.9%
Australia: QAHCS		1992	14,179	16.6%
Denmark		1998	1,097	9.0%
New Zealand		1998	6,579	11.2%
United Kingdom		1999	1,014	10.8%
Canada		2000	3,745	7.5%
France		2002	778	14.5%
Japan*		2004	4,389	6.0%
Japan **		2004	700	10.0% or 12.1%

*堺 秀人　医療事故の全国的発生頻度（2006）
** Ikeda et al., Identification of Adverse Events in Inpatients (2010)

Figure 4　Adverse Events in Hospitals in 8 Countries
from C. Vincent, Patient Safety (2006), and Sakai/Ikeda (2006, 2010)

　日本の病院は，全体として米国の病院よりも安全な可能性があ
るのか？証拠は決定的ではない。Charles Vincent は，20 世紀後
半と 21 世紀初期の先進 7ヵ国における有害事象の発生に関して
実行された研究を集めた [8]。その後，Sakai[9] と Ikeda[10]が日本に
おける類似研究でこの収集研究を補完した。その結果が Figure 4
にまとめられている。「有害事象」には多くの定義が存在し，加
えて様々な研究手法は大きく異なるため，報告された有害事象を
比較し，さらにある国の病院が他国の病院よりも安全または危険
であると結論づけることは不適切であるかもしれない。初期の米
国での 3 件の研究による有害事象発生率（4.7%，3.7%および2.9%）
は，米国の病院が日本の病院（有害事象の発生率が様々に 6.0%，

67

第 3 章　国際的考察による日本の患者安全改革

The second theory, that differences in payment systems account for most of the differences seen in U.S. and Japanese hospital mortality estimates, was advanced by Mark Ramseyer, an iconoclastic specialist in Japanese law at Harvard Law School. Ramseyer notes that prices for medical services, negotiated biannually between MHLW and the Japan Medical Association under the point-fee system of price controls, tend to favor the relatively simple services provided by the clinic-owning physicians who make up the majority of the JMA's membership over the high-tech, high-value, but high-risk services performed in large hospitals whose representatives have less influence than the JMA in price control negotiations. Ramseyer asserts that a smaller proportion of talented physicians perform the high-value, high-risk procedures in Japan than in the U.S., since the reward for those services is not as great in Japan as in America. Therefore, he argues, the number of high-risk procedures resulting in injuries is lower in Japan. Japanese patients "receive little of the type of care that generates the most malpractice claims and large amounts of treatment that seldom does. ... [They] file fewer claims because they suffer fewer injuries caused by malpractice. They do not suffer less malpractice because they enjoy better care. They suffer less malpractice because they suffer worse medical care."[11]

This is not the place to undertake a critique of Ramseyer's assertions and reasoning – that would be the subject of an entire separate article. However, it seems that greater attention within Japanese scholarship to the various economic effects on patient safety of the point-fee system might prove fruitful, so I spotlight Ramseyer's controversial approach here.

II　医療費と医療結果：国際比較統計

10.0％ および 11.3％と推定されている）よりも優れているとは証明
していない。しかしながら，すべての先進国においては医療管理
ミスと結果として患者が被る障害の件数は非常に高い――おそら
くこの数値は，各国の国民または医療従事者が予想するより高い
と言っても差し支えないだろう。

　米国と日本の病院の推定死亡率の差異の大部分の原因は支払制
度の相違にあるとする2つ目の理論は，ハーバード大学法学大学
院の日本法専門家である Mark Ramseyer が主張した。価格統制
のための診療報酬制度基づいて厚労省と社団法人日本医師会が年
2回交渉する医療「価格」は，大病院で実施されるハイテクで高
付加価値だが高リスクな医療よりも，日本医師会の過半数を構成
する個人医院を経営する医師が提供する相対的に単純な医療に有
利に働く傾向がある，と Ramseyer は指摘する。大病院の代表者は，
価格統制交渉において日本医師会よりも影響力を持っていない。
高付加価値で高リスクな医療処置に対する報酬は日本では米国ほ
ど高くないため，米国に比較して日本ではごく一部の才能ある医
師がこうした処置を実行していると Ramseyer は主張する。従っ
て日本では高リスク処置がもたらす障害の発生件数が少ないとい
うのが彼の論拠である。日本の患者は「医療過誤賠償請求の大部
分の原因となるような医療そして医師がまず実施しない治療を受
けることはほとんどなく……［日本の患者は］医療過誤に起因す
る障害を被ることがほとんどないため，提訴件数が少ない。日本
の患者がより優れた医療を享受しているがゆえに医療過誤を被
むっていないわけではない。日本の患者は質の低い医療に耐えて

69

第3章　国際的考察による日本の患者安全改革

A third explanation for the disparity in hospital mortality estimates between Japan and the United States lies in the possibility of biases in data collection. Consider the methodology of the Harvard Medical Practice Study research on medical error in New York, Colorado, and Utah and the methodology of the Japanese MHLW research. The Harvard studies took random samples of more than 30,000 medical records from urban, suburban, and rural hospitals and analyzed them for evidence of injury, improper care, subsequent claiming activity, and compensation results. Since the records were randomly selected from a wide variety of settings, they were likely to be fairly representative of actual conditions in the nation as a whole.

By contrast, the studies relied on by MHLW for its mortality estimates were based on self-reporting by selected first-class hospitals, rather than random sampling by outside researchers. This sampling technique cannot be considered representative of the actual conditions in the nation, and one suspects that reported results are likely to be tainted by a bias to under-count.

Weaknesses in epidemiological studies of medical misadventure may be compensated for as a functional matter, to some extent, by other information collection systems. In the U.S., the Food and Drug Administration requires reporting of drug- and medical device-related injuries to an extent, although post-licensing reporting is spotty. Some states, such as New York and Minnesota, carry out active hospital injury reporting programs, and some states also gather information on hospital and physician payouts on malpractice claims. Such payments above a certain lev-

70

いるがゆえに医療過誤を被ることが少ないのである」[11]

　本稿は，Ramseyerの主張と論拠を批評する場ではない――これは全く別の論文のテーマになり得るだろう。しかしながら，診療報酬制度が患者の安全に対してもたらす様々な経済的影響への日本の学界内での関心の高まりは有意義なものとなるかもしれず，このため筆者はここでRamseyerの物議を醸したアプローチに焦点を当てた。

　日本と米国の病院の推定死亡率の差異についての3つ目の説明はデータ収集に存在するバイアスの可能性にある。「Harvard Medical Practice Study（HMPS）」によるニューヨーク，コロラドおよびユタの各州における医療過誤に関する調査の方法，そして日本の厚労省の調査の方法について考えてみよう。ハーバードの調査は都市，郊外ならびに地方の病院の30,000件以上の医療記録から無作為標本を取り，それから障害，不適切な医療，その後の請求活動，ならびに補償結果の証拠について標本を分析した。記録は幅広い背景から無作為に抽出されたため，米国全土の実態の適正な典型であった可能性がある。

　対照的に，厚労省による死亡率の推定において同省が依拠した調査は，第三者調査機関による無作為抽出ではなく一流病院が選択した自己報告に基づくものであった。このサンプリング技法は日本全国の実態の典型と見なすことはできず，報告された結果は実際の発生数よりも少なく見積もるためにバイアスによって損なわれている可能性が高い。

　医療事故に関する疫学的調査の弱点は，ある程度までは，その

第 3 章　国際的考察による日本の患者安全改革

el, as well as adverse licensing and privileging decisions, must also be reported to the National Practitioner Data Bank for use by hospitals and state licensing boards (but this information is not available to the general public under an exception to the Freedom of Information Act). Hospitals receiving federal Medicare or Medicaid funds must undergo a triennial accreditation process that requires disclosure of adverse events to expert inspectors from the Joint Commission, likewise on a confidential basis.

An important aspect of the U.S. practice and culture on adverse event information collection is internal hospital peer review. While there certainly exist tendencies for hospital staff to hide evidence of mistakes in medical care from colleagues within the hospital and from the hospital administration, those tendencies are mitigated by a provision of the law of every state: the "peer review privilege." That privilege holds that internal hospital discussions and reports on adverse events within the hospital are not subject to discovery by attorneys, and are not admissible in court[12]. The peer review privilege allows frank discussions of quality problems within the hospital's governing structure, leading to fact-based remedial initiatives. It is viewed as essential to effective quality control within hospitals.

In Japan, MHLW requires reporting of drug and medical device injuries in a fashion rather similar to the FDA's reporting program, and with similar gaps in post-marketing surveillance of medical products causing injury or death. Information on payouts on malpractice claims is closely guarded. The Japan Council for Quality Health Care carries out a hospi-

Ⅱ　医療費と医療結果：国際比較統計

他情報収集システムによって機能上の問題について補われるかもしれない。米国では，許認可後の報告はまばらではあるものの，食品医薬品局（FDA）がある程度までは医薬品と医療機器に関する障害の報告を義務づけている。ニューヨークやミネソタ等のいくつかの州は積極的な病院障害報告プログラムを実施しており，また医療過誤賠償請求に対する病院と医師の支払に関する情報を収集している州もある。ある程度の前述のこうした支払だけでなく不利な許認可と優先的な決定は，病院と各州の許認可理事会が利用できるように，全米医師データバンクにも報告されなければならない（ただしこの情報は，情報公開法の下にある場合を例外として，一般市民の閲覧には供されていない）。連邦メディケアまたはメディケイドから資金を受けている病院は，同様に極秘の扱いで，医療施設認定合同機構（JC）の専門調査員に対する有害事象の開示を義務付ける３年に１回の認証プロセスを受けなければならあない。

　有害事象の情報収集に関する米国の慣行と文化の重要な側面は，病院内でのピアレビュー（同僚間審査）である。病院スタッフが病院内の同僚そして病院管理者に対して医療過誤の証拠を隠ぺいする傾向は確かに存在するが，こうした傾向はすべての州の法規によって低減されている――それが「ピアレビュー秘匿特権」である。この秘匿特権では，病院内での有害事象に関する院内協議と報告は弁護士による開示手続きの対象ではなく，裁判所で証拠能力が有するものではないとされている[12]。ピアレビュー秘匿特権によって病院の経営体制内で品質問題を率直に協議することが可能となり，これが事実に基づいた救済的イニシアチブをもた

73

第3章　国際的考察による日本の患者安全改革

tal accreditation program somewhat modeled on the Joint Commission's activities in the U.S.

A major difference between the two nations has to do with the law's peer review privilege, which is more limited in Japan than in the U.S.[13] Peer review itself has seldom been part of Japanese medical culture at most hospitals. However, recent legislation (considered below), health ministry guidance, and changing professional customs are having the effect of making peer review a somewhat more widespread practice within Japanese hospitals.

Ⅲ　Malpractice Law, Medical Peer Review, and Patient Safety

This section of the article provides an overview of trends in medical malpractice litigation and of law reform activities in the United States and Japan, and comments on the effects of such litigation and law reform initiatives on the goal of improving patient safety.

In the United States, rhetoric about a "medical malpractice crisis" not-

らす。これは，病院内の有効な品質管理には不可欠なものと見なされている。

日本では，厚労省がFDAの報告プログラムと類似したやり方での医薬品と医療機器に関する傷害の報告を義務付けており，また障害または死亡の原因となった医薬品と医療機器の市販後の監督には類似したギャップが存在する。医療過誤賠償請求の支払に関する情報は，厳重に守られている。日本医療機能評価機構は，米国における医療施設認定合同機構の活動をいくぶんモデルとした病院認証プログラムを実行している。

二国間の主要な相違点は法に基づくピアレビュー秘匿特権である。日本では米国よりもこの秘匿特権は制限されている[13]。ピアレビューそのものが大部分の病院で日本の医療文化の一部になったことがほとんどない。しかしながら，最近の法律（下記で検討される），厚労省のガイダンス，そして変化する職業上の慣習によって，ピアレビューは日本の病院内でもある程度幅広く存在する行為となりつつある。

III　医療過誤法，医療ピアレビュー，および患者安全

本稿のこのセクションでは米国と日本における医療過誤訴訟の動向，そして法改正活動の概要を提供し，こうした訴訟そして法改正の取組みが患者安全の改善という目標にもたらす影響についてコメントする。

米国では，「医療過誤危機」というレトリックにも関わらず，

withstanding, the number of paid medical malpractice claims has been declining significantly during the 21st century. This decline is evident from statistics on the number of claims and, even more strikingly, on claims numbers adjusted for population growth, number of physicians, and real health spending. (See Figure 5.)[14]

The decline may reflect in part safer medical practices. It is also likely, however, to be partly attributable to "tort reform" activities carried out in most U.S. jurisdictions. Medical malpractice law in the U.S. is chiefly state law, rather than federal law, and its rules can be modified by state legislatures – which are often strongly influenced by lobbies for medical

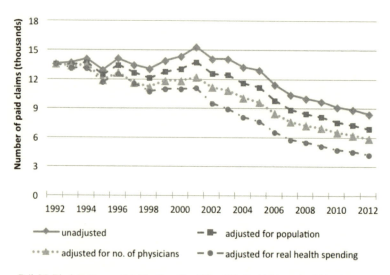

Paik M, Black B, Hyman DA. The Receding Tide of Medical Malpractice Litigation (*Journal of Empirical Legal Studies*, 2013)

Figure 5　Paid Medical Malpractice Claims (U.S.), 1992-2012

Ⅲ　医療過誤法，医療ピアレビュー，および患者安全

支払を受けた医療過誤賠償請求の件数は 21 世紀には著しく減少している。この減少は，統計上の損害請求件数だけでなく，人口成長，医師の数，そして実質医療費について調整済みの統計上の損害賠償件数に著しく明らかである（Figure 5)[14]。

　減少は一部にはより安全な医療行為を反映している可能性があるが，一部には大部分の米国の法域で実施された「不法行為改革」に起因する。米国の医療過誤法は連邦法ではなく主に州法であり，その規定は州議会によって修正可能である。但し，州議会は医療組織および病院と医師の保険会社が雇った圧力団体にしばしば強力に影響される。

　近年の米国史上では，医療過誤法改正の 2 回の波があった。「第一世代改正」と称される第一の波は本質的に被告保護的であった。この法律の典型的な特質は，原告による提訴までの期間の短縮，損害裁定の上限，そして保険金支払いと連帯責任の相殺に関する規定の修正であった。こうした「第一世代」措置の結果に関して，証拠は入り混じっているが，このような措置が損害請求件数を減少させ，傷害を負った患者に対する支払いを多少なりとも制限し，医療過誤保険料に対してある程度の抑制効果をもたらした可能性がある[15]。

第3章　国際的考察による日本の患者安全改革

organizations and insurers of hospitals and physicians.

There have been two waves of medical malpractice law reform in recent U.S. history. The first wave, which has been termed "first-generation reform," was defendant-protective in nature. Typical features of this legislation were shortened time periods for plaintiffs to bring suit, caps on damage awards, and modifications of rules concerning offsets of insurance payments and joint liability. Although the evidence is mixed on the results of these "first-generation" measures, it is likely that they have reduced the number of claims, limited payouts to injured patients somewhat, and had some restraining influence on malpractice insurance premiums[15].

A subsequent "second generation" of malpractice law reforms has balanced the interests of patients and health care providers more equitably. Process-oriented reforms have encouraged mediation and sometimes arbitration rather than litigation, have set up patient compensation funds and periodic payment systems, and have enacted so-called "sorry laws" whereby physicians can admit and apologize to patients for adverse outcomes without fear of having those admissions and apologies later used as evidence against them in court[16]. Two states – Florida and Virginia – have established no-fault compensation systems for some obstetrical injuries[17].

78

Ⅲ　医療過誤法，医療ピアレビュー，および患者安全

　これに続く「第二世代」の医療過誤法改正は，より公平に患者と医療サービス提供者の利益のバランスを取るものであった。手続志向の改正は，訴訟よりも調停そしてときには仲裁を奨励し，患者補償基金と定期的支払制度を創設した。さらに，事故の自認と謝罪が後日裁判で自らに対する証拠として利用されるという恐れなしに，医師が有害転帰を患者に対して認め謝罪する，いわゆる「アイムソーリー法」を制定した[16]。フロリダとバージニアの2州は，いくつかの産科的障害に対する無過失賠償制度を設立した[17]。

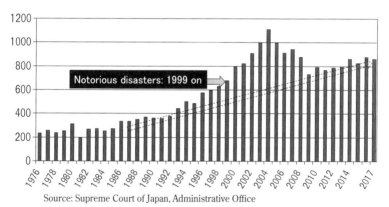

Figure 6　Medical Malpractice Civil Cases Filedin Japanese Courts, 1976-2016

第3章　国際的考察による日本の患者安全改革

In Japan, the number of medical malpractice lawsuits (adjusted for population) is still far smaller than in the U.S., but contrary to American trends, that number is growing over time. (See Figure 6.)[18] Lawsuit statistics tell only part of the story, of course, since most claims are settled without litigation. Employing statistics on total malpractice liability insurance premiums, Ramseyer has estimated a range of malpractice claims (whether filed in court or not) of between 2,230 and 13,875 claims per year[19]. Comparing that estimated range with U.S. claims estimates from leading researchers and adjusting for population differences, the American medical malpractice claiming rate would be between 1.5 times and 12 times the Japanese rate. I have suggested that "[a] reasonable approximate estimate would be that a Japanese patient is one-fourth to one-sixth as likely to make a claim against a medical provider as a North American patient."[20]

Japan also established in 2009 a system for no-fault compensation of designated birth-related injuries[21]. There is evidence that the Japanese system is channeling a fair proportion of birth-related injury claims away from the courts.

A significant difference in the two nations' law-related approach to handling medical injury is that in the past, at least, criminal law has played a far more prominent role in the public's and the medical profession's eyes in Japan than in the United States. In both countries, prosecutions of medical personnel for substandard care causing injury or death are rare. But as readers of this journal know, several highly publicized criminal cases in Japan during the early years of this century caused

Ⅲ 医療過誤法，医療ピアレビュー，および患者安全

日本では，医療過誤訴訟の件数（人口調整済み）はいまだ米国よりもはるかに少ないが，米国の動向とは対照的に，この数値は徐々に増加している（Figure 6 を参照のこと）[18]。賠償請求の大部分は訴訟なしに示談で解決されるため，当然のことながら，訴訟の統計値は物語のごく一部しか伝えてはいない。医療過誤損害賠償保険料の総額に関する統計値を利用して Ramseyer は，医療過誤賠償請求の件数（裁判所に提起されたか否かは問わず）は年当たり 2,230 件から 13,875 件の範囲であると見積もっている[19]。人口差異について調整済みの第一線級の研究者による米国における推定損害賠償請求の件数とこの推定範囲を比較すると，米国での医療過誤損害賠償請求率は日本の請求率の 1.5 倍から 12 倍となる。「妥当なおよその推定値は北米の患者に比して，日本の患者が医療サービス提供者に対して起こす損害賠償請求の可能性は 4 分の 1 から 6 分の 1 程度である」というのが筆者の意見であった[20]。

日本は 2009 年には出産時脳性麻痺の無過失賠償制度（産科医療補償制度）も導入した[21]。日本の制度は出産時脳性麻痺に関する賠償請求のかなりの割合を，訴訟なしで解決に導いているという証拠が存在する。

医療障害への対応に対する日米の法律関連のアプローチの大きな相違点は，過去に少なくとも米国では，日本よりも刑事法が一般市民ならびに医療従事者の目にははるかに重要な役割を果たしてきたことである。両国では，傷害または死亡をもたらした標準以下の治療についての医療スタッフに対する起訴はまれである。しかしながら，本誌の読者であればご存知のように，今世紀の早

第 3 章　国際的考察による日本の患者安全改革

great alarm among the members of the medical profession, leading to a widespread view that prosecutors had overstepped their proper bounds. Those cases involved prosecutions under the Criminal Code for professional negligence causing death or injury and for submission of falsified documents to public authority, and under the notorious Article 21 of the Medical Practitioners' Code for failing to report "unnatural deaths" (異状死) to police[22].

Criticisms are legion of criminal law's involvement in medical quality control. Prominent among those criticisms are these. (1) Injury-causing acts and omissions are unintentional, so deterrence of injury-causing behavior – a fundamental justification for criminal law – is ineffective. (2) Punishments – reputational as well as formal – are disproportionate to the offenses. (3) Police investigators fail to understand the complexities and subtleties of medicine. (4) Criminal investigations interfere with hospitals' own case review process, and disrupt patient care. (5) Many physicians become reluctant to carry out risky but beneficial procedures, and tend to abandon litigation-prone fields such as obstetrics and emergency care. (6) Criminal law's focus on individual blame turns attention away from the systemic deficiencies at the root of much preventable harm.

In response to criticisms such as those listed above, and bearing in mind the traditional weakness of the Japanese medical profession's peer review activities, MHLW proposed and the Diet enacted in 2014 amendments to the Medical Care Law[23] creating something resembling, in form at least, a national medical peer review system, with internal hospi-

Ⅲ　医療過誤法，医療ピアレビュー，および患者安全

い時期に日本で発生し大々的に報道された数件の刑事事件は医療界に大きな不安を呼び起こすこととなり，世間では検察側は越権行為をしたという見方がなされた。こうした事件は，業務上過失致死傷そして国家機関に対する虚偽文書の提出のかどで刑法の下での，そして警察への「異状死」の届出の不履行について悪名高い医師法第 21 条の下での起訴を引き起こした[22]。

　批判の多くは，医療品質の管理への刑事法の関与に集まっている。こうした批判のうちでも目立っているのは下記である：(1)障害をもたらした行為と不作為は故意ではないので，障害をもたらした行為の抑止力——刑法を根本的に正当化する理由に相当する——は無効である。(2)風評被害だけでなく，正式な処罰は違反行為に対して不釣り合いである。(3)警察の捜査官は，医療の複雑さと繊細さを理解していない。(4)犯罪捜査は病院独自の事件審査プロセスを妨げており，患者治療の邪魔になっている。(5)多くの医師がリスクは高いものの有益な医療処置を実行するのをためらうようになり，産科や救急医療などの訴訟を起こしがちな分野を敬遠するようになる。(6)刑法は個人の責任を重視するため，より大きな予防可能な悪影響の原因である体系的な欠陥から注意をそらしてしまう。

　上記のような批判に対応して，そして日本の医療従事者が伝統的にピアレビュー活動に弱いということを念頭に置き，厚労省は医療法改正を提案し，国会が 2014 年に同案を成立させ[23]，少なくとも形式上は，中核に院内ケースレビューを据えた全国的な医療ピアレビュー制度に類似したものが創生された[24]。改正法は，

tal case reviews at the core[24]. The law established a Medical Accident Investigation and Support Center (医療事故調査支援センター, commonly referred to as "the Center") to receive reports of medical care-associated deaths (not injuries), to analyze them, to review objections by patients and families to hospitals' responses, and to suggest ameliorative measures to the hospital in question and to professionals around the nation. The law became effective in October 2015, and MHLW has been in the process of implementing the law. That task has not been easy, nor the results yet very impressive.

IV MHLW's Implementation of the 2014 Law

After enactment of the new law, MHLW assembled a blue-ribbon commission to advise it on details of the law's implementation. The commission included representation from most of the relevant stakeholders — hospital associations, the Japan Medical Associations, medical specialty groups, academics, patients' rights organizations, and others. After a series of meetings, the commission presented its recommendations to MHLW.

Implementation issues provoking controversy within the commission and among the stakeholders included the following:

1. Reviewable/reportable events are limited by the law to deaths and miscarriages that are "unforeseen" (予期しなかった). What does that mean? Who determines it? By what process?
2. Must the case review be conducted with outside expert assistance, or may the review be purely internal?

医療関連死（障害ではない）の報告を受取り，病院の対応に対する患者と家族による異議を検討し，さらに問題になっている病院と全国の医療従事者に対して改善方法を提案する医療事故調査支援センター（通称「センター」）を設立した。改正法は 2015 年 10 月に発効され，厚労省は同法の施行の過程にある。この任務は容易なものではなく，また結果はいまもって目覚ましものではない。

Ⅳ　厚労省による 2014 年改正医療法の施行

　新法の発効後，厚労省は改正法の施行の詳細に関して助言を受けるために有識者委員会を招集した。委員会は，病院協会，日本医師会，医療専門家団体，学者，患者の権利組織等，大部分の関連利害関係者の代表者で構成された。一連の会議後に，委員会はその提案を厚労省に対して提示した。

　委員会内部そして利害関係者間に論議を引き起こした施行に関する問題には下記があった：
1. 審理可能／報告可能な事象は法により「予期しなかった」死亡と流産に限定されている。これは何を意味しているのか？誰がこれを決定するのか？どのような過程によるのか？
2. ケースレビューは外部専門家の支援を使って実施しなければならないのか，それともレビューはまったく院内で実施すること

第 3 章　国際的考察による日本の患者安全改革

3. What information about the clinical course should be disclosed to the family of the deceased patient? Should the disclosure be in writing if the family requests?

4. Should the case review focus not only on what caused this patient's death, but also on how such accidents could be avoided in the future (再発防止)?

5. What facts in the hospital's report to the Center should be made public? Names of hospitals? Names of health care personnel? Details of the deceased patient's clinical course?

The commission's proceedings and recommendations were not the only source of influence on MHLW decisionmaking. The Association of Japanese Healthcare Corporations (医 療 法 人 協 会 , commonly called "Ihōkyō"), an organization of physician-owned hospitals, strongly objected to a thorough-going centralized reporting system for medical accidents, and to proposals for fuller information about adverse events to patients and families. Among their objections were these.

(a)　Hospital administrators, who are most familiar with the relevant events, should have discretion about what events are reportable to the Center.

(b)　It is unfair for local hospitals to be judged by outside specialists from prestigious institutions, who do not understand local circumstances.

(c)　Giving written reports to patients would just provide ammunition to their lawyers, and would preclude cooperation from hospital medical personnel.

(d)　Putting accident-recurrence prevention measures into the reports

IV　厚労省による2014年改正医療法の施行

ができるのか？

3. 臨床経過に関するどの情報を死亡した患者の家族に開示すべきなのか？家族の要請がある場合には開示は書面で行うべきか？

4. ケースレビューはこの患者の死亡原因だけでなく，こうした事故を将来いかに回避することができるかにも焦点を当てるべきか（再発防止）？

5. 病院のセンターに対する報告書のどの事実を公開すべきか？病院名か？担当医療スタッフ名か？死亡した患者の臨床経過の詳細か？

　委員会の審理と提案のみが厚労省の意思決定に対する影響の源であるわけではない。医療法人の組織である医療法人協会（通称「医法協」）は，医療事故についての徹底的かつ集権的な報告制度，そして患者と家族に対する有害事象に関するより十分な情報提供の提案に強く反対した。協会の反対理由には下記がある：

(a)　関連事象に最も詳しい病院管理者は，どの事象がセンターに対して報告可能であるかに関して裁量権を有するべきである。

(b)　地方病院にとっては，地域の状況を理解していない権威ある機関から派遣された外部専門家の判断を受けることは公平ではない。

(c)　患者に対する報告書の提供は彼らの弁護士に対して弾丸を提供するのも同然であり，病院の医療スタッフによる協力を妨げる可能性がある。

(d)　事故再発防止対策の報告書への記載は，後知恵バイアスによる過失の事実認定をもたらしかねない。

第 3 章　国際的考察による日本の患者安全改革

might lead to findings of negligence through hindsight bias.

Ihōkyō disseminated these and other objections widely to hospital administrators and the medical profession, generating considerable political pressure among Ihōkyō's allies in the Diet and administration to implement the new law in lenient fashion.

The health ministry buckled under that pressure. The Ministerial Ordinance (省令) implementing the law[25] defined deaths or miscarriages that are "unforeseen" (予期しなかった) as deaths meeting any of three alternative criteria:

1. The administrator determines that before the provision of care, health care personnel had explained to the patient [or family] that such death or miscarriage was foreseen.

2. The administrator determines that before the provision of care, health care personnel had written in the medical record or other writing that such death or miscarriage was foreseen.

3. The administrator determines from opinions expressed at a hearing or safety committee meeting convened for this purpose that before the provision of care, such death or miscarriage was foreseen by the health care personnel providing the care.

If a hospital classes a death as "foreseeable" by this standard, it need not be reported. The result of this regulatory definition is that hospital administrators have effective control over whether a patient's death in that hospital is reportable to the Center or not.

As for information to patients and families, a Ministerial Notification (通帳) stated:

"The explanation to the survivors shall be given in oral or written form, or both, as appropriate. If oral, the contents are to be recorded in

IV　厚労省による 2014 年改正医療法の施行

　医法協は，病院管理者と医療従事者に対して広範に上記主張とその他異議を広め，寛大なやり方で新法を施行するために国会と政権の医法協の協力者の間に多大な政治圧力をもたらしている。

　厚労省は圧力に屈した。法を施行する省令 25 は，死亡が下記の 3 つの代替基準のいずれかを満たすときに，「予期しなかった」死亡または流産であるものと定義した：

1. 治療提供前に，医療スタッフがこうした死亡または流産が予期されることを患者（または家族）に対して説明済みであったと管理者が判断する。
2. 治療提供前に，医療スタッフがこうした死亡または流産が予期されることを医療記録またはその他文書に記載済みであったと管理者が判断する。
3. 治療提供前に，こうした死亡または流産が治療を提供する医療スタッフによって予期されたことを聴聞会またはこの目的で招集された委員会で表明された意見から管理者が判断する。

　病院がこの基準によって死亡を「予期できた」と分類した場合には，これは報告される必要はない。この規制上の定義は，病院における患者の死亡がセンターに対して報告可能か否かに対して病院管理者が実質的な支配権を有するという結果をもたらしている。

　患者と家族に対する情報に関しては，厚労省告示（通帳）に下記のように記されている：

89

第 3 章　国際的考察による日本の患者安全改革

the chart. If in writing, it may be the report itself, or on an explanation form. The facility administrator must endeavor to explain the review's purposes and results in the manner the family desires.

"Names of people involved, such as health care personnel, are to be redacted."

MHLW's formal explanation for this approach may be summed up in its statement: "The purpose of this system is the assurance of medical safety, not the pursuit of individual accountability."

Is the new system working? Statistics are available for the first 21 months after the effective date of the new law. As reported by MHLW in August 2017[26], these statistics indicate the following:

· 1,021 health care facilities are participating, including essentially all the major hospitals (276) and most mid-sized ones.

· Total reported hospital death cases nationwide: 652, or just 373/year in all of Japan. (3.8 deaths per million population). 52% of these resulted from surgery or childbirth.

· Only 39 cases were referred to the Center for review in all of 2016.

90

IV 厚労省による 2014 年改正医療法の施行

「遺族に対する説明は，口頭か書面の形式かあるいは双方かを問わず，適宜提供されなければならない。口頭の場合には，内容は診療記録に記録すべきである。書面であれば，報告書そのもの，または説明書上に記録することができる。医療機関の管理者は，家族が求めるやり方でレビューの目的と結果を説明するよう努めなければならない。

「医療スタッフ等の関係者の名前は，編集されなければならない」

このアプローチについての厚労省の公式説明は下記の一文に集約されよう：「この制度の目的は医療安全の確保であり，個人の責任追及ではない」

新制度は機能しているのか？新法の発効日から当初 21 カ月間の統計値が公表されている。2017 年 8 月に厚労省が報告したところによれば [26]，これら統計値は下記を示唆している：

・特にすべての中核病院（276 施設）と大部分の中規模病院を含む，1,021 施設の医療機関が参加している。
・全国で報告された院内死亡ケースの総件数：652 件，または全国で年間 373 件のみ（人口 100 万人につき 3.8 件の死亡）。そのうち 52％は外科手術または出産に起因した。
・2016 年通年で 39 ケースのみがセンターに付託された。

第 3 章　国際的考察による日本の患者安全改革

V　Conclusions

MHLW's reported totals of preventable hospital deaths in Japan are probably unreliable, understating the true totals. If this is so, the political effect is to minimize in the public's eyes the actual extent of medical error problems. As a consequence, public resources may be diverted away from addressing the issue of preventable medical injury.

In implementing the 2014 law, the health ministry decided on a "soft" strategy. The purpose was to persuade skeptical physicians and hospitals, many of whom were influenced by Ihōkyō media messaging, to participate in the new adverse event information reporting system. Improving transparency to the public about medical error has not been a major MHLW goal.

As a result of MHLW's "soft" implementation strategy, hospital leaders are calling almost all deaths "foreseeable" and are not reporting them. The self-reporting approach adopted by MHLW ministerial ordinance is fatal to accurate assessment of the extent of the medical error problem. MHLW's "soft" strategy, so far, has failed to accomplish its intended results.

Progress toward a deep-rooted peer review system in Japan is halting and gradual. However, peer review is gradually taking root at some Japanese hospitals.

Finally, Japanese patients' expectations for fuller transparency in health care will continue to strengthen.　　　　　　　　　（Lobert・Leflar）

Ⅴ　結　　論

　厚労省による日本で報告された予防可能な病院での死亡の総件数はおそらくは信頼性を欠いており，実際の総発生数よりも少なめに発表されている。そうであるとすれば，政治的効果は医療過誤問題の実際の範囲を世間の注目の下で最低限に抑えることである。その結果，公的資金は予防可能な医療障害の問題への取組みから転用され得るだろう。

　2016 年改正医療法の施行にあたって，厚労省は「ソフトな」戦略を取ることを決定した。その目的は，その多くが医法協のメディアメッセージに影響された懐疑的な医師と病院に，新たな有害事象情報報告制度に参加するよう説得することであった。医療過誤に関する一般市民に対する透明性の改善は，厚労省の主要目的ではない。

　厚労省の「ソフトな」施行戦略の結果，病院のリーダーたちはほとんどすべての死亡を「予期できる」と見なしており，これを報告していない。厚労省省令で採用された自己報告アプローチは医療過誤問題の範囲の正確な評価には致命的である。これまでのところ，厚労省の「ソフトな」戦略はその意図した結果の達成には失敗している。

　日本に深く根差したピアレビュー制度に向けた進歩はたどたどしく漸進的である。しかしながら，ピアレビューはいくつかの日本の病院で徐々に根付き始めている。

　最後に，医療のより十分な透明性に対する日本の患者の期待は，今後も強まり続けることになるだろう。　（ロバート・レフラー）

第3章　国際的考察による日本の患者安全改革

References:

1　Organization for Economic Co-operation and Development: OECD.Stat, Health expenditure and financing. http://stats.oecd.org/Index.aspx?DataSetCode=SHA, 2018 (2016 data); The World Bank: Health expenditure total (% of GDP). http://data.worldbank.org/indicator/SH.XPD.TOTL.ZS (2014 data).

2　World Health Organization: World Health Statistics 2016: Monitoring health for the SDGs, Annex B: tables of health statistics by country, WHO region and globally. http://www.who.int/gho/publications/world_health_statistics/2016/Annex_B/en/ (2015 data).

3　Central Intelligence Agency: The World Factbook. https://www.cia.gov/library/publications/resources/the-world-factbook/index.html (international estimates); Kochanek KD, Murphy SL, Xu J, Tejada-Vera B: Deaths: final data for 2014. National Vital Statistics Reports 65(4): 101, table 22. https://www.cdc.gov/nchs/data/nvsr/nvsr65/nvsr65_04.pdf (state-by-state data). 2016.

4　Institute of Medicine: To err is human: Building a safer health system 28. 2000.

5　Provonost P et al.: An intervention to decrease catheter-related bloodstream infections in the ICU. New England J. Med. 355: 2725. 2006.

6　Umscheid CA et al.: Estimating the proportion of reasonably-preventable hospital-acquired infections (HAIS) and associated costs and mortality. http://www.apic.org/Resource_/EliminationGuideForm/259c0594-17b0-459db395-fb143321414a/File/APIC-CRBSI-Elimination-Guide.pdf. 2009.

7　Makary MA, Daniel M: Medical error – the third leading cause of death in the U.S. Brit. Med. J. 353: i2139. 2016.

8　Vincent C: Patient safety, 42. 2006.

9　堺 秀人： 医療事故の全国的発生頻度 [Sakai S: Report on the incidence of medical accidents: III], 5. 2006.

V Conclusions

10　Ikeda S et al.: Identification of adverse events in inpatients: Results of a preliminary survey in Japan. Asian Pacific J. Disease Mgmt. 4(2):49, 53. 2010.

11　Ramseyer JM: Second-best justice: The virtues of Japanese private law. 2015.

12　Bremer WD: Scope and extent of protection from disclosure of medical peer review proceedings relating to claim in medical malpractice action. 69 A.L.R.5th 559. 1999 (with updated cases to 2018).

13　Leflar RB: The law of medical misadventure in Japan. Chicago-Kent L. Rev. 87:79, 100-101. 2012; Judgment of Tokyo High Court, 判 例 時 報 1842:57. July 15, 2003 (Saitama Medical University case).

14　Paik M, Black B, Hyman DA: The receding tide of medical malpractice litigation: Part 1 – national trends. J. Empirical Legal Studies 10:612, 617. 2013.

15　Leflar RB: Medical malpractice reform measures and their effects. Chest 144(1): 306. 2013.

16　Wei M: Doctors, apologies, and the law: An analysis and critique of apology laws. J. Health L. 40: 107. 2007.

17　Studdert DM, Brennan TA: Toward a workable model of "no-fault" compensation for medical injury in the United States. Am. J. L. & Med. 27:225. 2001.

18　Administrative Office of the Supreme Court: 医療関係訴訟事件統 [Medically-related lawsuit statistics]. http://www.courts.go.jp/saikosai/vcms_lf/29052601heikinshinri.pdf. 2018.

19　Ramseyer JM: The effect of universal health insurance on malpractice claims: The Japanese experience. 2 J. Legal Analysis 2: 621, 665-66. 2010.

20　Leflar RB: The law of medical misadventure in Japan. Chicago-Kent L. Rev. 87: 79, 103. 2012.

21　Id., 106-109.

22　Leflar RB: "Unnatural deaths," criminal sanctions, and medical quality im-

第 3 章　国際的考察による日本の患者安全改革

provement in Japan. Yale J. Health Policy L. & Ethics 9:1. 2009.

23　Law No. 83 of 2014, enacted June 25, 2014.

24　MHLW: 医療事故調査制度について [The medical accident investigation system]. http://www.mhlw.go.jp/stf/seisakunitsuite/bunya/0000061201. html. 2018. This website summarizes MHLW's implementation of the 2014 law.

25　Ministerial Ordinance No. 100 of 2015. May 8, 2015.

26　MHLW: 我が国の医療安全施策の動向 [Trends in Japan's medical safety policies]. Aug. 4, 2017.

第4章

医療過誤訴訟の適正化

I 民事裁判の課題と解決策

1 医療事故調査制度の効果

　第1章では，医療においては，原則として刑事手続に依存するべきではなく，民事手続により患者の被害の回復に尽くすべきであることを強調した。しかし，民事手続が適正に運用されていないときには，刑事手続を利用することはやむを得ないものとなる。刑事告訴が受理され，手続きが進むと，判決前に示談をし，損害賠償金を支払うことにより，刑を軽くすることができる。つまり，被害救済が強制される。また，医師本人や病院が再発防止を誓い，その体勢をとることにより，刑を軽くできる。つまり，予防に資することとなる。しかし，医師や病院にとって，刑事事件の負担は重いし，業務は阻害されるし，名誉は甚だしく毀損される。民事事件として，早期に示談をし，保険会社から損償金の支払をさせる方が賢明である。そのためには民事裁判が円滑に機能してい

第 4 章　医療過誤訴訟の適正化

なければならない。

　日本では 3 年前から個別的医療事故調査制度が開始された。事故報告書が患者に交付されれば，従前よりも示談交渉や民事訴訟など適正化されると期待できる。明らかに従前の方法よりは事案の解明が進むからである。同じような制度は，すでに 10 年前より実施されてきた産科医療補償制度がある。筆者の担当した事件では，事故調査の報告結果が公表されたので，そのまま裁判中に証拠として提出した事例がある。約 7 年前に，出生児が脳性麻痺として出産されたケースであった。約 1 時間以上に渡り，クリステレル（腹を上から押して子を出す手技）を何回も行い，帝王切開による出産を怠った過誤を原因とする損害賠償請求訴訟であった。この調査報告書は複数の医師で作成されており，裁判所の鑑定の代わりの役目を果たした。裁判長の和解勧告により，約 1 億円の賠償金が支払われた。

　筆者の経験では，弁護士業務の中で最も困難な分野は，医療過誤訴訟およびソフトウェア関連訴訟と言える。しかし，上記のように，新しい事故調査制度により，いくらかやり易くなるはずである。それでも油断は禁物である。裁判所に資料が多くなっても，原告のハードルの高さがそれほど下がるとも考えられないからである。裁判官は一般的には，公平で中立を装う。しかし，患者側の代理人としての経験では，医療過誤訴訟の裁判官は，一部に極端に患者の請求に厳しくあたる者がいる。裁判官は自分と同じような専門家としての医師への同情や同類の意識があるのかもしれない。以下では事故調査制度の以前の筆者の経験であるが，現在でも参考となるので，その報告とそれに基づく提言をする。

I　民事裁判の課題と解決策

2　医療側代理人の問題点

　法曹増員により，一般的に訴訟当事者の代理人弁護士は，攻撃防禦に無理をしたり，事件の継続による時間報酬を受領し，訴訟上の和解に消極的となったりしている。これに加え，特に医療側訴訟代理人特有の問題がある。①医師としての説明義務を事前と事後に尽くす立場として，医師の側で全てのデータをもとに事実を前提に自ら判断し，患者と保険会社に説明し，支払額を決める。これが最も公正といえる。②保険会社の依頼と紹介で医師側の代理人となり，実質上保険会社のために無理してでも勝訴するように業務をするか，支払金額を下げる業務をする。医師がある程度責任を認め，早期終了を望むときでも支払金を減免させるためにできるだけ引き延ばす。このとき，利益相反に陥る。弁護士倫理上，問題である。③医師の側の立場で，その名誉を守るため，保険会社に通知せず，またはその助言も無視して，カルテなどを隠匿しつつ，訴訟を引き伸ばして徹底的に争う類型がある。いわば違法行為に関与していると同じ弁護士倫理上の問題となる。

　制度的には米国のように，医師側と保険会社を共同被告とし，代理人を分けるのが適正である。日本の現状の制度の運用では，医師側は保険会社と利害関係のない弁護士を選任するとのルールや倫理を作るべきである。また，弁護士個人としては，筆者のように，医師側と患者側の双方を扱うのが，適正手続の維持と効率に資するし，公益にかなうといえる。使用者側と労働者側，家主側と借家人側の双方を扱うべきであるのと同じである。裁判手続が閉鎖的不適正であるときには，手続は異常に特殊となり，一方

99

第4章　医療過誤訴訟の適正化

の専門家でないと扱えないが，裁判を適正化すれば，多くの弁護士の公正な行動を期待できる。

3　意見書の作成

　自由と正義 2006 年 8 月号「特集：医療事故と弁護士の役割」は，大変的確な指摘をされており，参考にされるよう薦める。しかし，以下に補充も含めて指摘すると，最も重要なことは患者側の協力医師をいかに確保し，お願いするかである。

● 協力医師の候補探しは，弁護士と患者の同級生や親しい知り合いから始めざるを得ない。また弁護士が様々な紛争などで担当した依頼者たる医師にお願いするのは最も手堅いといえる。さらに医療側での医療紛争で知り合った医師も協力してもらえる。

● それ故，若手は文献調査をし，ベテランが事務所として医師を探すという分担も必要になる。しかし，協力いただいても顕名の意見書作成は，半分以下となる。但し，信念を持って事実と意見を語ってくれる方もいる。

● 医師により意見が少しずつ異なるのは止むを得ないことである。各々の体験が異なること，また専門分野が細かく分かれていることが影響していると思われる。主たる専門医分野を決めると共に，他の専門分野，特に放射線科などの意見書を作る必要があり，その整合性に最も配慮すべきである。

● 時系例表を作り，争点を絞った聴取を短い時間で行う必要がある。

｜　民事裁判の課題と解決策

● 意見書は複数あった方がよい。カンファレンス鑑定（2〜3人
　の医師）は有効に機能している。複数の医師，専門分野の異
　なる医師のチームによる場合には，偏った鑑定結果とはほぼ
　ならないと言えるからである。それ以前の旧来の1名の医師
　の書面鑑定はバランスのかけているものも多かったからであ
　る。

4　因果関係の課題

　医療に関わる民事訴訟での因果関係の立証は，最大の課題で
あった。医療過誤訴訟では東大病院でのルンバール事件において，
因果関係の立証をめぐり，約30年を要した。筆者が弁護士になっ
た頃，スモン訴訟が最大の薬害訴訟であった。筆者の師事した西
田公一弁護士はサリドマイド弁護団長として，ほとんどの時間を
費やしていた。いずれも，被害者の障害と薬物との因果関係が争
点となっていた。筆者もクロム禍訴訟の労働者側代理人となり，
その後も様々な医療裁判に関わった（あとがき参照）。筆者はその
ような経験を踏まえて，更に米国留学での成果をもとに以下の考
え方をまとめ，公表してきた。

⑴　証明度の低減化

　最高裁は因果関係について，自然科学の要求する証明を要せず，
高度の蓋然性があれば充分とした。筆者は米国にならい，更に低
減させるべしと主張した。太田勝造東京大学教授の助手論文を分
かりやすく解説したものである。後に伊藤眞教授が，司法研修所

第 4 章　医療過誤訴訟の適正化

の講演で，この考え方を妥当と表明された。実務に対して相当な潜在的な影響力があったものと言える。つまり，日本の実務では未だに正面から取り上げていない。判決によりバラバラな基準で認定していると評価せざるをえない。

⑵　因果関係の割合的認定

　公害事件の発生により，複合汚染となった事件が次々と起こった。米国では，アスベストとタバコの競合が明らかにされ，双方の製造メーカーの責任が認められた。道路の瑕疵と自然災害が競合する事件も起きた。さらには，複数の取締役の行為（原因）が問われる事態となった。そして，第 1 章で報告したように，予防に向けてチーム医療の医師と看護師の責任，院長の監督責任にまで広がっている。つまり，社会的にはその原因（責任）は広がった。しかし，民事訴訟では一定程度の影響力のある原因（行為）が取り出されて，相当な度合いによる寄与度として認定されることになった。筆者は，博士論文「取締役分割責任論」で広く割合的認定を進めるよう提案した。

⑶　技術的進歩

　因果関係の立証は，医療技術の進歩に伴い，比較的容易になったと言える。医療過誤訴訟では，技術的進歩が反映されてきた。バイタルデータの収集が迅速となった。SpO2（経皮的動脈血酸素飽和度）を計るパルスオキシメーター，CT，MRI などである。

⑷　ダメ押し作戦の努力（医師の事故後の説明責任）

　某事件の一審の極めて不当な訴訟指揮があり，これは例外でな

民事裁判の課題と解決策

いことを公表しておく。胃の内視鏡検査の開始時から，軽い麻酔薬のため，呼吸困難となり植物人間となった事件を担当した。検査で植物人間になることはまずありえないので，本来は医師側に事後の説明義務がある。しかし，日本では原因の特定は患者側に求められる。筆者は一審で証人尋問終了後に依頼された。それまでの相当な訴訟活動をしてきた若い代理人2名と協力して追加で入ることを条件に引き受けた。訴状など当初の段階では，検査中にSpO2が下がった状況で，検査開始後の6分後に内視鏡を抜去した後，蘇生措置に過誤があったと主張した。しかし，その後，著名な麻酔科医の意見が得られたので，これを変更した。検査開始後すぐに呼吸ができなくなり，SpO2が80を切り，アラームが鳴り，測定不能となったので，わずか5分で脳が損傷したとの経過であった。つまり，抜去後では既に脳が損傷していたため，蘇生措置をして心臓が動いても，脳は回復できないとのことであった。

　この因果関係は医師にとっては明らかであったはずで，予見義務と回避義務も明らかであった。麻酔科医の証言も終わり，他に原因も無いため，被告側はアナフィラキシーショックが原因というのみであった。裁判官3人の内には，東京地裁医療集中部から転勤してきた専門家も入っていた。念のため，麻酔科医の意見を補充するために，消化器外科医の同じ意見書も提出した。しかし，裁判所はそれでも鑑定申請も却下し，請求を棄却した。この検査では途中まで，研修を兼ねた医師が行い，途中から指導係のベテラン医師に交代したが，俊敏な腕で迅速に終わらせようと2〜3分かけたことが致命傷となった。裁判官は最初から，胃の検査で

103

第4章　医療過誤訴訟の適正化

植物人間になることはあり得ない，と思い込み，それが抜けなかったとしか考えられなかった。

　控訴審で筆者は7人の消化器の内科と外科，麻酔科医師の意見書を提出した。筆者の広い交際範囲のルートで得られた成果であった。高裁は鑑定を採用し，上記意見書をつけて慶應大学病院の医師2名に鑑定を依頼した結果，原告の主張に沿う意見が出された。裁判所の勧告により，医師側はようやく和解に応じた。医療過誤訴訟とは，ダメ押しに次ぐダメ押しが，つまり念のため，ともかく，何度も分かりやすく立証することが必要となる。

　現在の裁判は原告側に，過度な主張立証責任を負わすものである。学者の主張する立証責任の転換も採用すべきである。同じ結論となるが，筆者は医師の法的な説明義務を事前と事後に厳しく求めるのが適正といえる。インフォームドコンセントの続きであり，裁判官が扱いやすくなるので，裁判の効率化によいのではないかと考える。

5　過失の重層構造（過失の高まり）

⑴　事前的視点（過失）
医療の疫学調査研究では以下の2つの方法がある。
① 　プロスペクティブ（前方視的研究・前向き研究）——未来に向かって情報を集める方法
② 　レトロスペクティブ（後方視的研究・後ろ向き研究）——過去に遡って対象者の情報を集める方法
最近の医療事故調査では，以下の2つの方法を明らかにするよ

|　民事裁判の課題と解決策

う求められている。
- ①　**事前的視点**　　事故の起こる前から事故発生までの経過の中の情報をもとにして判断すること
- ②　**事後的視点**　　事故発生後の解剖などの情報も含めた情報をもとに遡って判断すること

　従前には，上記概念は混合されたり，不正確に使用されてきた。上記の前者の疫学調査と後者の事故調査は異なる。医療事故では後者の用語を使うべきである。そして，事後的視点は因果関係の決定に重要となり，事前的視点は過失の認定に重要となることがポイントである。過失を主張するときには，あくまで事前的視点で追い，事後的視点を補強材料で使うとの使い分けをすると分かりやすい。

　医療過誤訴訟では，因果関係は技術的進歩により，争いにはなっても，事後的視点で検査資料をもとに客観的判断となる。しかし，過失については主観的見通しという医師の見立て，また手技の選択の可能性といういずれも医師の裁量の中での判断となる。しかも，事前的視点の制約の中で主張せざるをえない。この点から，請求棄却とされる余地を与えかねない。本来，交通事故などでは，因果関係が認定されれば，過失の客観化によりほぼ全面的に過失を認定すべきところ，裁判所は交通事故とは異なり厳しい対応をする。

⑵　腹膜炎過誤死亡事件判決

　消化器内視鏡による胃腸の穿孔の過誤があっても，直ちに開腹手術をし，ふさいでしまうと治るので，慰謝料もわずかで解決さ

105

第 4 章　医療過誤訴訟の適正化

れる。筆者は医師側の代理人として数件も扱ってきた経験をもつ。しかし筆者は，東京地裁医療集中部における某事件の 4 年前の某月 17 日に大腸内視鏡による腸の穿孔から 3 日目 20 日に腹膜炎で死亡した訴訟を患者側で担当した。

　文献では，腹膜炎を起こしても抗生物質などの保存的治療も認めている。しかし，当然痛がっていればすぐに開腹手術をすべきである。しかし，本事件の一審判決は，被告病院の医師に開腹手術をすべき注意義務（過失）を認めなかった。死亡する程の兆候はなく，手術をする時期にも気付かなかったのもやむを得ないとする。開腹手術が 1 日遅れたために死亡したもので，因果関係は明白であった。

　本件の特殊性は，胃の摘出手術後の患者に，口から内視鏡を入れて，胆石を取る治療をしたことであった。細くて柔らかい上部内視鏡が短いので届かない事案であった。17 日に太く硬い長い大腸内視鏡を使用したという極めて危険な手技で，胃に持ち上げてくっつけてあった小腸を穿孔してしまったことから，腹膜炎となった。本件の大腸内視鏡の施術は緊急で必要なときなどには評価される高度な技術で，論文では業績とされているものであった。但し，本件では胆石もなくなっていた可能性も強く，緊急性もなかった。2 名の消化器内科の医師による人体実験，練習としての手技であり，充分注意すべき義務があった。判決はこれを無視した。被告医師は，穿通した可能性を認め，後腹膜腔（背中側）に空気があるのは明白に確認したが，（前）腹膜腔に空気や腹水があるのは確認できなかったと抗弁した。しかし，事実として，17 日から 19 日にかけて本人のひどく痛がっている症状，バイタル

106

Ｉ　民事裁判の課題と解決策

データの悪化，CT画像の結果から，腹膜炎の悪化は明らかであった。常識的にはすぐ開腹すべき手術である。判決は後腹膜気腫だけを限局してみて，全体の経過を判断しなかった。つまり，木だけを見て森を見ていないと言わざるを得なかった。本件の全体の経過を説明したにも関わらず，これを認定していないことに対して，控訴審でさらに分かりやすく以下のとおり図を用いて説明した。

　この図は一般の不法行為に適用できるもので，汎用性があるので，参考にされたい。

■自動車の危険運転の過失（図①）

　図①は，一般道路の制限速度時速50キロのところをスピードを上げ，75キロでは危険となり，100キロではより危険になり，125キロでは減速義務が生じる状況を示している。一般道路において，他の事情を一切考慮しない場合に，一般的に150キロまでスピードを上げれば，ほとんど事故となる。125キロの時点で事故になる可能性・確率は極めて高くなり，継続すれば，高度又は相当の蓋然性をもって過失を認定できる。すなわち，制限速度50キロのときには，事故についての予見可能性は低く，結果回避可能性は極めて高いので，その幅が広い。その後，スピードが上がるに従い，矢印が交差するに至り，その時点が事故の時点となる。150キロ以降では，予見可能性は高いが，回避可能性はなくなり，必ず事故が起こるということを示している。以上によれば，予見可能性はスピードと共に上がっていき，結果回避可能性はスピードと共に下がっていく。すなわち，予見可能性と結果回

107

第4章　医療過誤訴訟の適正化

図①
過失の重層モデル
[制限速度50Kmの危険運転の場合]

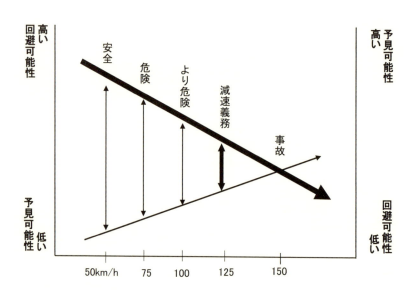

避可能性という過失は，量的に上下または増減していくのである。決して一時期を捉える必要もない。すなわち，全く突然の飛び出し事故や雷などでない限り，このような図が当てはまるのである。事故から逆算すれば，不注意の行動が継続していることにより，過失がほぼ完全に分かりやすく認定できることとなる。

　一般には，過失とは，損害発生の予見可能性（予見義務）があるのに，これを回避する行為義務（回避義務）を怠ったことと定

I　民事裁判の課題と解決策

図②

過失の重層モデル

[胃再建手術後の大腸内視鏡事故
　　　－腹膜炎死亡事故－]

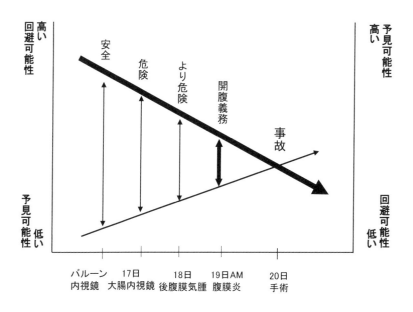

義されており，結果回避可能性という用語は使われていない。しかし，予見や結果回避ができるのにしないという義務違反を，統一して同じ概念として量的に捉えると分かりやすく，的確となる。以上のことは，必ずしも従前には明らかにされていなかったことである。

第4章　医療過誤訴訟の適正化

■本件の過失（図②）

本事例は明確に継続的な連鎖する過失の行為である。

・バルーン内視鏡

本件では，胆石を除去するために，開腹手術もできた。また，最も安全な方法は，しゃくとり虫のようなやわらかいバルーン内視鏡を使うことであった。図②のとおり，バルーン内視鏡を使う場合には，事故の予見可能性は低く，回避可能性は高いので，その幅が大きく安全ということになる。本件では，緊急性はなかったので取り寄せる余裕はあったが，しなかった。

・17日大腸内視鏡手技

これに対して，17日に大腸内視鏡を使う場合には，一般的な標準医療ではなくて，医療器具の添付文書にも禁止されており，原則として行うべきではなかった。使うこと自体に必要でもない高度の危険性が伴うものである。A医師は5例のみの経験であり，医療技術としてはまだ認められる数とはいえない。ましてや，B医師は，初めての経験である。A医師が指導できる状況すらもなかった。すなわち，本件手技は，患者を練習台とするのであり，トレーニングとしての人体実験に等しい。そこで，超例外として実施する場合には，余程の注意が必要であり，術後の管理も通常以上に相当な優先的な注意義務が要求される。それゆえ，図①と同じく，大腸内視鏡を突っ込んだときから，制限速度オーバーの開始となり，さらに，突き進むこととなる。危険な行為であることが示される。

・18日後腹膜気腫

医師側が後腹膜気腫があると認識したのであれば，当然危険な

110

大腸内視鏡により穿孔をきたしたことを認識すべきだった。予見可能性としては，大腸内視鏡が触れた部分すべてに穿孔の可能性を考え，死亡を回避する義務がある。一般的には空腸部分が曲がりくねっており最も危険な場所であった。そして造影剤は後腹膜腔にでていなかった。空腸の位置は胃に接続され移動していた。そして CT 画像では後腹膜に空気と腹水が見られた。そのような状況では十二指腸の穿通と後膜気腫のみに限定することはあり得ない。空腸の穿孔から空気と腹水が後膜腔に，さらに腹膜腔に出る。それ故，18 日のこの時点で腹膜炎が進行していたことは予見できたのであり，その時はより危険となっているが，開腹手術などをすれば極めて回避可能性が高かった。2 本の矢印の幅が 17 日よりは狭まるが，未だ交わる直前ではない。

・**19 日午前　腹膜炎（手術すべき時期）**

19 日午前には，本人の症状では，極度に痛がる中で，画像診断のうえでも腹膜腔に空気と腹水が見られ，明白に開腹手術をする限界に来ていた。このとき，担当の B 医師は放射線技師や外科医とも協議をした記録はない。これは注意義務違反の要素である。B 医師は，主任として高度な注意義務を負っていたにもかかわらず，まさに知識と経験の乏しさから，予見可能性の高まりを気づかず，注意義務に違反し，未だ回避可能性のある状況は，図の通りであるのに，これを怠った。そして矢印の交差する 20 日に手術しても，間に合わず事故となったことはこの図が示すとおりである。いわば，過失の回避義務とは，風船を膨らます時，破裂する寸前か，できれば少し前に停める行為義務である。

111

第4章　医療過誤訴訟の適正化

■一審手続

　原告は，原告の主張を支える消化器内科1名，同外科3名，放射線科1名の意見書，耐術性を示す呼吸器科1名の意見書を提出してあった。被告からは1通の意見書も出されなかった。しかし，かつての東京地裁医療集中部と異なり，訴訟開始から明らかに患者側に厳しい対応を示していた。外科医の証人尋問後に，同人の補充意見書を提出したところ，それまで遅延行為をしていた医師側代理人が，遅れた攻撃防禦だと主張した。何と裁判所はこれを容れて，採用しなかった。結審当日，鑑定申請と解剖記録取寄申請は却下された。補充意見書の採用がされなかったら裁判長の忌避を予定していたが，ようやく採用されたので，これを中止した。

　筆者は，当方提出の医師6人の意見書合計8通，被告側意見書0通であるので，鑑定申請を却下する以上，原告勝訴しかありえないと法廷で陳述した。しかし判決は，医師は後腹膜腔の空気だけしか気づかなかったのだから，過失ではないと請求を棄却した。司法改革審議会のころには，かなり改善された司法は，大きく後退してしまったと言わざるをえない。本件は持続する努力により上訴で覆るのは間違いないと確信する。

6　無過失責任化（高度な危険な手技の試み）

　医療過誤の医師の責任について，過失を立証することを免除し，無過失責任にするべきとの主張がされてきた。一般には，証拠が加害者側にあり，被害者にない類型（製造物責任）で過失の証明が困難だから，その証明を不要とするものである。しかしここで

Ⅰ　民事裁判の課題と解決策

は，さらに明確な点を補充する。

　すなわち，上記事案のように，過失は明白でも，裁判官の中には，高度な技術を使う以上ミスをしてもやむをえない，技術習得の途中だから，初心者が気づかなくてもやむをえない，と考える者もいる。この事例は，Ａ医師が特異な大腸内視鏡の手技を，自分も５例の経験しかないため，部下を教育することを兼ねて，訓練として試みに行ったものである。いわば練習台としたのであり，この成果は一般の社会の人々に還元されるものである。失敗した場合の犠牲者への補償は，当然医療への貢献として他の人々の負担する医療保険から支払われるべきものである。高度な医療は危険性があるとはいえ，高度な技術を持った経験豊かな医師が極めて注意深く行い，術後管理も同様に極めて慎重に行うべきものである。その場合には，一般の患者よりも優先して時間や労力をかけなければならないし，そのような体制がとられ，許容されるものである。本件ではそのような配慮が一切なされていない。すなわち，高度な危険な人体実験であるという認識すら麻痺していたものと言わなければならない。

　翻って教育のための新人教育ならば，許されるのかという疑問は残る。これを患者に事前に説明するならば，当然承諾は得られない状況である。それ故，最後には，医療の発展のために我慢をしろと言うのであれば，その代わりに，迅速な補償と円滑な感謝の言葉を申し上げなければならない。医療技術の危険な高度化と共に，これに必然に伴う事故であり，迅速な慰謝が必要となり，過失の推定化，無過失化が進むことになる。

（遠藤直哉）

113

第4章　医療過誤訴訟の適正化

Ⅱ　医療記録の隠匿と改ざん

1　データ改ざんが行われる医療現場

　医療現場における医療記録の隠匿や改ざんに関する事件は，後をたたない。有名な刑事事案として，広尾病院事件及び東京女子医大事件がある。これらは氷山の一角にすぎない，一般の民事の医療過誤訴訟での裁判所の取り扱いが甘いために，横行しているといっても過言ではない。医療側と同時に，医療側代理人の弁護士の倫理が問われている。その背景には，医療界全般にわたるデータや記録の不正な扱いがある。その1つの例としてディオバン事件においては，降圧剤「ディオバン」の臨床研究が東京慈恵会医科大や京都府立医科大など5大学で実施され，効果が他の降圧剤よりも優れているとする論文が相次いで発表されたが，これらの論文の基になったデータが改ざんされていた。このような研究不正行為の是正を求めて，国民の臨床研究に対する信頼の確保を図ることを通じてその実施を推進するため，臨床研究法が平成29年4月14日に公布され，平成30年4月1日に施行されるに至っている。

2　電子化される医療情報

　診療録，看護記録や電子カルテを含む医療情報は，個人情報保護法上，要配慮個人情報と指定され，患者の同意がない限り，開示することができない。これを言い直せば，患者の医療記録は患

114

II　医療記録の隠匿と改ざん

者の利用に供されることから，患者やその代理人が開示を要望した時には，原則としてこれに応じなければならない。「情報」には所有権を認めることが法律上できないものの，代わりに患者の利用権（自己情報コントロール権）を認めるに至っている。

　社会には伝達手段として紙媒体のみならずデジタルデータが普及し，医療現場においても紙媒体での記録のみならず，電子カルテ等の電子媒体によって記録されることが主流化している。医師や看護師が記録した診療記事や看護記事のみならず，検査結果や検査オーダー等も全て電子化されて医療機関内で情報伝達が行われている。

3　医療記録の役割

　カルテ等に記載された医療記録は，医師や看護師その他の医療従事者が，自己の業務上，診療行為や看護行為の都度，経時的に作成するものである。そのため，記録された医療情報，すなわち，患者の症状，病名，処置，検査記録その他の診療経過や看護経過の記録は，その時点における作成者の事実認識の反映であり，裁判上信用性が高いと一般的にされている。なぜなら，医師法24条や医師法施行規則23条に，医師の診療録作成義務や保存義務が定められているという形式的理由と，医師として患者の病状把握やその伝達手段として必要不可欠であることという実質的理由が挙げられる。なお，看護記録には法的根拠はないため先述の形式的理由はないものの（ただし助産録を除く），実質的理由は同様に当てはまるものといえる。

115

第 4 章　医療過誤訴訟の適正化

4　医療記録改ざんや隠匿による法的責任

　このように裁判上で信用性が高い医療記録が，意図的に隠匿され，または改ざんされれば，記載事実の存在に対する推定力は認められないことになる。医療情報の隠匿や改ざんは証拠隠滅罪（刑法 104 条）や虚偽診断書等作成罪（刑法 160 条），文書偽造罪（刑法 159 条）といった刑事犯罪として処罰される可能性はある。しかし，証拠隠滅罪は他人の刑事事件に関する証拠に限定されているほか，虚偽診断書等作成罪は公務所に提出すべき診断書に限定されていること，文書偽造罪は権利義務，事実証明に関する文書に限定されており，これらの適用範囲は限定的である。

　また，民事裁判上，証拠の隠匿または改ざんを円滑に制裁する規定が存在しない。証拠保全の効果として証拠の隠匿に対する真実擬制が認められるものの，このような手続きが踏まれていなければ，証拠の隠匿に対する制裁が特段に存在するわけでない。診療録等の改ざんに対しては，民事訴訟法 224 条 2 項・3 項類推適用による原告主張の真実擬制を認めることにつき，証明妨害の法理を用いてその正当化が図られる学説が存在する。しかし，裁判例は，その証拠の信用性を排斥しつつも，証明妨害の法理を全面的に認めて請求を認めるまでにいたらない。その他，学説では自由心証説や証明責任転換説まで多様に存在する。これらの学説はいずれも隠匿や改ざんを厳しく諫め，患者側の主張を認めるための法理である。その趣旨はドイツの裁判に倣えというものである。日本でも患者側代理人は，積極的に文書提出命令を申立てるべきである。被告医師側から存在しないとの抗弁をされても，原告は

116

II 医療記録の隠匿と改ざん

記載されていたはずの事実を強く主張し，裁判所はこれを真実とみなすとの法の運用を確立する時期である。

　こういった議論は紙媒体を主流とする改ざんにおいてなされてきたが，それは加筆，削除，訂正，追記といった後日記載が容易であるのとともに，後日記載か否かの区別がつきにくい点に原因の一つがあると考えられる。

　一方で，電子カルテ等の電子媒体においては紙媒体における後日記載とは異なる事情がある。というのも，電子カルテ等は，作成者の個人情報管理が行われること，更新記録や修正履歴が残るため，作成日や作成者による後日記載やその内容が記録される。その意味で，紙媒体と比べれば電子媒体における記録の隠匿や改ざんの危険性は低いと考えられる。

　しかし，電子カルテ等の電子媒体における記録の隠匿や改ざんを行うことは技術的に可能であり，仮に記録の隠匿や改ざんが行われたとして，その法的評価が先述の紙媒体における議論と同様に評価できるかどうかは未だ明らかではない。

5　電子カルテ改ざんの具体的事例

　電子カルテの改ざん事案の一つとして，大阪地方裁判所平成24年3月30日判決判タ138号84頁がある。うつ病で通院中で加療服用を繰り返した患者が，抗うつ剤の大量服用で死亡したことにつき，精神科医師には医療機関を直ちに受診するよう指導すべき注意義務違反が認められた事案である。この事案において，本件患者の電子カルテには，抗うつ剤の大量服用の危険性を説明

117

第4章　医療過誤訴訟の適正化

したこと，大量服薬を行うのであれば薬剤処方を中止する等と指導し，さらに本件患者に抗うつ剤の管理の徹底を指導したこと等が記載されていたものの，かかる記載部分が後に書き加えられたものとして信用性が認められるかどうかが争われた。

　裁判所は，①当時電子カルテでありながら，書き換えた際に書換え前の記載が保存されない設定になっていたこと，②患者側からの開示請求後に新たにカルテのデータを保存することになる「登録」キーをクリックしていること，③電子カルテの修正についても明らかな記載漏れや誤字のみを訂正したと弁解するが，その弁解が不合理であること等に照らせば，患者側の開示請求を受けた後にカルテ改ざんをしたと認める，としている。

　かかる裁判例では電子カルテのカルテ改ざん部分の記載の信用性を排斥するにとどめ，法的効果として真実擬制する等を認めていないことから，紙媒体におけるカルテ改ざんの取扱いと同様であると考えられる。

6　医療過誤訴訟における証拠の偏在の解消

　医療過誤訴訟では，医療機関側への証拠が偏在している一方で，患者側に医学的知見や医学的経験がない，または少ないこと，その中で立証責任の全てを患者側によって果たさなければならない。

　また，患者側と医師側では必ずしも武器対等とは言えない中で，この状況を補うような過失や因果関係，損害の推定規定が法律上用意されていない。スタート時点で患者側に不利な状況の中で高いハードルとなる立証責任を果たすことが難しく，このことは医

II　医療記録の隠匿と改ざん

療過誤訴訟における患者側請求の認容率に如実に表れている。また，医療機関側においては，医療情報の隠匿や改ざんがないにもかかわらず，これらが疑われた場合の応訴負担を軽減する制度が設けられていない。医療過誤訴訟においては，知財訴訟等の専門訴訟と同様に，高度な医学的知見に基づいて判断しなければならないこととなる。裁判所には正式な鑑定のみならず，知財訴訟で技術分野を補充する専門委員制度が利活用されていることに鑑み，医療過誤訴訟においても専門的医学的知見を補充する場として専門委員制度を活用することが考えられる。これについては，被告の医療側に有利になるのではないかとの批判が強く，あまり使われていない。患者の立場を充分理解する専門委員を選任するなどの工夫が必要となる。

　実際的な紛争解決を図るためには，医療記録の隠匿や改ざんを生じさせない技術的制度設計が必要である。更に医療記録の隠匿や改ざんが生じたとしても，紛争解決の場で患者側または医療機関側に生じる法的効果を生じさせるような法制度作りも必要になると考えられる。

　現状のままでは民事訴訟による迅速適正な解決は期待できない。裁判官の中には，患者側から出される医師の意見書をも尊重しない者がいる。また，保険制度の適正な運用を考慮していないといえる。医師側は高額な保険料を負担している。医師は患者側と対峙させられ，法廷で弁護士に指導されたままに信じてもいない抗弁を繰り返させられる。何のための保険かと感じるであろう。ましてや，患者側が民事裁判が頼りにならないと警察に駆け込む姿を見れば，欧米並の民事訴訟への発展は，もはや一時の猶予も許

119

第 4 章　医療過誤訴訟の適正化

されない。

（中村智広，遠藤直哉）

あ と が き

　筆者が弁護士になった頃は，公害，スモン訴訟，サリドマイド訴訟など次々に集団的な訴訟が起こっていました。まさに法的に迅速に円滑に解決される裁判というより，見通しのつかない対立する同士の衝突という社会事件でした。筆者もクロム禍訴訟の被害者側の弁護団の一員として参加し，被害者や医師からの聞き取りに明け暮れました。その後，米国のワシントン大学ロースクールのヘイリー教授の下で学び，修士論文にアスベスト被害の米国史上最大の民事訴訟を取り上げ，日本での予測と警告も含めて提出しました。帰国後に，日本で，社会科学系では初めてのアスベスト禍を報告しました。当時，N.Y. のマウントサイナイ大学病院でセリコフ博士が世界中の学者を集めて，アスベスト被害を研究し，公表していました。私の論文を博士にお渡しした時に，慶應大学医学部卒の鈴木康之亮医師が同席されました。先生は全米の訴訟でアスベスト被害の鑑定をされておられた病理の権威で，米国での鑑定人のディスカバリーの実施現場の傍聴をさせてくださいました。

　米国では典型的事件が勝訴すると，フラットゲート（水門）が開いたと言われ，既にアスベスト被害の約 30 万件にのぼる大量の訴訟が起こっていました。米国の民事訴訟は「早い（時間），高い（賠償額），強い（証拠開示）」のに比べ，日本の民事訴訟手続きは「遅い，安い，弱い」と全ての点でいかに遅れているかを痛感し，民事司法改革の意見の公表を続けてきました。そして，ディスカバリーの導入を提唱し，文書提出命令の拡大の改正を実

現させ，ディスカバリーの代替案として陳述書を提案普及させるに至りました。

その後，生殖医療をめぐり，被害者の患者5夫婦の日本産科婦人科学会への損害賠償請求訴訟，長野の根津八紘医師，神戸の大谷徹郎医師の同学会への除名無効地位確認訴訟を提起しました。日本で初めての生殖医療をめぐる裁判でした。しかし，裁判所は被告日本産科婦人科学会側が偽造論文まで提出しているのを問題にせず，極めて消極的対応に始終しました。そこで何回も記者会見をし，患者の被害を訴えました。また，生殖医療の泰斗で，学会の重鎮でありながら，上記2名の除名に反対された飯塚理八慶應大学名誉教授は，法律学が医療の進歩に遅れて保守的であることを問題視されていました。逆に，筆者の積極的対応を高く評価いただき，先生の編集をされていた「産婦人科の世界」に毎号執筆するよう仰せつかりました。生殖医療と生命倫理については，上記の先生方に加えて，星野一正京都大学名誉教授と共に，患者を支援するセミナーを再三開催して，多角的な議論を経て，高い見識と大きな自信をもてるようになったことは，素晴らしい励みとなりました。

筆者は医療機関の顧問をして，主として高齢患者の骨折事案や様々な事故を扱っていました。患者側の損害賠償訴訟も扱っていました。そのような中で，桐蔭横浜大学法科大学院では「医療と法」を担当しました。自分の体験だけではなく，広く「医療と法」をとらえられるようになりました。極めて良心的で患者本位の先生方との交際も多くなりました。「神の手」と称賛されておられる脳外科医福島孝徳先生は，患者救済のために昼夜を問わずぶっ続けで手術をされておられ，その姿に感服いたしました。日本の

あとがき

　法律家もより市民の立場に立ち，裁判の改革に取り組む必要を感じました。このような状況の中で医療において，医師が逮捕される事件が相次ぎ，また企業社会でも，取締役が逮捕される事態もあり，日本の民事訴訟の発展の遅れが，このような刑事事件に至っていると確信しました。患者側からの医療過誤訴訟は，陪審をもつ米国に比べればはるかに困難ですが，日本の訴訟の中でも極めてハードルが高いと言えます。現在でも民事訴訟の適正化を実現しないと，刑事事件を縮小できない状況は変わっていません。本書では一貫してこのテーマを取り上げました。

　最後に，筆者が長年理事を務めました(公)日米医学医療交流財団の先生方に厚く御礼申し上げます。本書第1章の当初の構想は，2016年2月に同法人主催のシンポジウム「日本と欧米の医療と法を比較検討：医療事故調査制度の発展に向けて－システムアプローチによる医療安全」を企画し，そこで発表したことから進みました。講演をお願いした高本眞一(社)三井記念病院院長，後信州大学教授，長尾能雅名古屋大学教授，上野正文東海大学医学部付属八王子病院看護部師長，座長高瀬義昌医師，の先生方から貴重なご意見をいただきました。その後さらに調査を加えて，論文として完成し，医療の質安全学会での報告をすることができました。また，長年に渡り医療についてお教えいただいた同財団の黒川清日本医療政策機構代表理事，伴信太郎名古屋大学医学部教授，小玉正智滋賀医科大学名誉教授，清水一功医療法人社団御代田中央記念病院理事長，鍋谷欣市杏林大学名誉教授，小池薫京都大学教授，小山勇埼玉医科大学教授，野村実東京女子医科大学医学部教授，井上大輔日本医科大学教授の各先生方に感謝申し上げます。

（弁護士　遠藤直哉）

123

〈共著者紹介〉

ロバート・B・レフラー
　アーカンソー大学ロースクール教授
　アーカンソー大学メディカルスクール特任教授
　1951年生まれ
　1972年ハーバード大学卒業
　1977年ハーバード大学ロースクール修了（法学博士）
　1982年ハーバード大学パブリックヘルススクール修了（保健学博士）

（主要文献）
・『日本の医療と法―インフォームドコンセント・ルネッサンス』（長澤道行訳・勁草書房・2002年）
・『生命倫理と法Ⅱ』所収論文（樋口範雄・岩田太編　弘文堂・2007年）①第1章 医行為の再検討：Ⅰ-3アメリカの状況―消費者主導の医療ケア・サービスの一例として　②第3章 医療安全と法：Ⅰ医療安全と法の日米比較
・「患者が亡くなる原因を究明する―医療事故調査をめぐる日本，合衆国，台湾における法的，政治的論争」（岩田太訳　上智法学論集59巻1号，2015年）

中 村 智 広 （なかむら・ともひろ）
　弁護士・弁理士・薬剤師・フェアネス法律事務所
　国立研究開発法人日本医療研究開発機構（非常勤）
　京都大学薬学部総合薬学科卒業，京都大学大学院薬学研究科修了（薬学修士），神戸大学法科大学院修了

（主要文献）
・「裁判にならないための輸液管理・与薬業務」（病院安全教育，2015年10月～2016年12月）
・「看護師に知ってほしい訴訟と法律の身近な知識」（病院安全教育，2016年12月～2018年4月）
・「弁護士・薬剤師から見た看護記録のポイント」（臨床看護記録，2017年12月～2018年8月）
・「日本のバイオ・ライフサイエンス産業の国際競争力の特許面からの調査・研究」（パテント71巻10号42～53頁，2018年，共著）

〈著者紹介〉

遠 藤 直 哉（えんどう・なおや）
1945年生，弁護士法人フェアネス法律事務所代表弁護士，日本法社会学会・
日本私法学会・日本民事訴訟法学会の会員，麻布高校卒，東京大学法学部卒，
ワシントン大学ロースクール（LLM），中央大学（法学博士），第二東京弁護士
会平成8年度副会長，桐蔭横浜大学法科大学院教授歴任

（主要著書）
『ロースクール教育論』信山社（2000年），『取締役分割責任論』信山社（2002年），
『危機にある生殖医療への提言』近代文芸社（2004年），『はじまった着床前診断』
はる書房（2005年），『ソフトローによる医療改革』幻冬舎ＭＣ（2012年），「ソ
フトローによる社会改革」幻冬舎ＭＣ（2012年），『新しい法社会をつくるのは
あなたです』アートデイズ（2012年），『ソフトロー・デモクラシーによる法改革』
アートデイズ（2014年）

法動態学講座 4

医療と法の新理論

医療事故調査制度の適正な活用へ
医療裁判の適正手続化へ

2019（平成31）年 1 月25日　第 1 版第 1 刷発行
8144-01011:P144　￥1600E-012-020-005

著　者　遠　藤　直　哉
発行者　今井 貴・稲葉文子
発行所　株式会社 信 山 社
〒113-0033 東京都文京区本郷6-2-9-102
Tel 03-3818-1019　Fax 03-3818-0344
笠間才木支店 〒309-1611 茨城県笠間市笠間515-3
Tel 0296-71-9081　Fax 0296-71-9082
笠間来栖支店 〒309-1625 茨城県笠間市来栖2345-1
Tel 0296-71-0215　Fax 0296-72-5410
出版契約2019-8144-6-01011　Printed in Japan

©遠藤直哉，2019　印刷・亜細亜印刷　製本・渋谷文泉閣
ISBN978-4-7972-8144-6 C3332 分類327.005

JCOPY 〈㈳出版者著作権管理機構 委託出版物〉
本書の無断複写は著作権法上での例外を除き禁じられています。複写される場合は，
そのつど事前に，（社）出版者著作権管理機構（電話03-5244-5088，FAX 03-5244-5089，
e-mail: info@jcopy.or.jp）の許諾を得てください。

法律学の森シリーズ

変化の激しい時代に向けた独創的体系書

新　正幸　憲法訴訟論〔第2版〕

戒能通厚　イギリス憲法〔第2版〕

大村敦志　フランス民法

潮見佳男　新債権総論Ⅰ　民法改正対応

潮見佳男　新債権総論Ⅱ　民法改正対応

小野秀誠　債権総論

潮見佳男　契約各論Ⅰ

潮見佳男　契約各論Ⅱ　（続刊）

潮見佳男　不法行為法Ⅰ〔第2版〕

潮見佳男　不法行為法Ⅱ〔第2版〕

藤原正則　不当利得法

青竹正一　新会社法〔第4版〕

泉田栄一　会社法論

小宮文人　イギリス労働法

芹田健太郎　国際人権法

高　翔龍　韓国法〔第3版〕

豊永晋輔　原子力損害賠償法

信山社

◆ 法律学の未来を拓く研究雑誌 ◆

憲法研究　辻村みよ子 責任編集
〔編集委員〕山元一／只野雅人／愛敬浩二／毛利透

行政法研究　宇賀克也 責任編集

ＥＵ法研究　中西優美子 責任編集

民法研究　第2集　大村敦志 責任編集

民法研究　広中俊雄 責任編集

消費者法研究　河上正二 責任編集

メディア法研究　鈴木秀美 責任編集

環境法研究　大塚 直 責任編集

社会保障法研究　岩村正彦・菊池馨実 責任編集

法と社会研究　太田勝造・佐藤岩夫 責任編集

法と哲学　井上達夫 責任編集

国際法研究　岩沢雄司・中谷和弘 責任編集

ジェンダー法研究　浅倉むつ子・二宮周平 責任編集

法と経営研究　加賀山茂・金城亜紀 責任編集

信山社

21世紀民事法学の挑戦
― 加藤雅信先生古稀記念 上・下

加藤新太郎・太田勝造・大塚直・田髙寛貴 編

民商法の課題と展望
― 大塚龍児先生古稀記念

大塚龍児先生古稀記念論文集刊行委員会 編

人間の尊厳と法の役割
― 民法・消費者法を超えて 廣瀬久和先生古稀記念

河上正二・大澤彩 編

法律学の森シリーズ 最新刊 **新債権総論 I・II**

潮見佳男 著

法学六法

池田真朗・宮島司・安冨潔・三上威彦・三木浩一・小山剛・北澤安紀 編集

信山社

現代選書シリーズ

未来へ向けた、学際的な議論のために、
その土台となる共通知識を学ぶ

2019.1 最新刊

畠山武道 著 環境リスクと予防原則
　　　　　　 －Ⅰリスク評価〔アメリカ環境法入門〕

畠山武道 著 環境リスクと予防原則
　　　　　　 －Ⅱ予防原則論争〔アメリカ環境法入門2〕

中村民雄 著 ＥＵとは何か（第2版）

森井裕一 著 現代ドイツの外交と政治

三井康壽 著 大地震から都市をまもる

三井康壽 著 首都直下大地震から会社をまもる

林 陽子 編著 女性差別撤廃条約と私たち

黒澤 満 著 核軍縮入門

森本正崇 著 武器輸出三原則入門

高 翔龍 著 韓国社会と法

加納雄大 著 環境外交

加納雄大 著 原子力外交

初川 満 編 国際テロリズム入門

初川 満 編 緊急事態の法的コントロール

森宏一郎 著 人にやさしい医療の経済学

石崎 浩 著 年金改革の基礎知識（第2版）

信山社

死ひとつ　唄 孝一

第1編 母亡ぶ
　発病から死亡までの3日間の記録
　診断及び看護における問題点をふりかえる
　主治医との話しあいを求めて
　解剖結果を求めて
第2編 自我と母と家と世間
　「孝行息子」の親不孝
　三つの映画―扶養問題を解決するのは法ではない)
第3編 医療の前後
　医療における法と倫理
　医療をいかに裁くか―法律の立場と医療の進歩

不帰の途　脳死をめぐって　竹内一夫

医療、生命倫理、法律などに関わる方々必読の書。日本の脳死判定基準を定めた著者が、いかなる考えや経験をもち、「脳死」議論の最先端の「途」を歩んできたのか、分かり易く語られた、今後の日本の「脳死」議論に欠かせない待望の書籍。

生と死、そして法律学　町野 朔

法律学は、人間の生死にいかに向き合うか。刑法、医事法、生命倫理など広い視座から、長く第一線で研究を続ける、町野朔教授による、40年の論稿を1冊に集成。よりよい将来社会の構築のために必読の文献。

生殖医療と法　町野朔・水野紀子・辰井聡子・米村滋人 編集

生命倫理と法、医療と法を考えるための重要資料集。政府の報告書、弁護士会の意見書、医学会の指針、日本学術会議の報告書、親子関係をめぐる裁判例などを収載。信頼の編集陣による解題も掲載した研究、実務、学習に必備の資料集。

生命科学と法の近未来　米村滋人 編集

生命科学の営みを、いかなる法制度として確立すべきか――生命科学の課題を的確に捉え、今後の適正かつ安定的な発展に向けて、「近未来」の方向性を提示。

信山社

◆ **医事法辞典** 最新刊 甲斐克則 編集代表

◆ **医事法講座** 甲斐克則 編

ポストゲノム社会と医事法【医事法講座１】
インフォームド・コンセントと医事法【医事法講座２】
医療事故と医事法【医事法講座３】
終末期医療と医事法【医事法講座４】
生殖医療と医事法【医事法講座５】
臓器移植と医事法【医事法講座６】
小児医療と医事法【医事法講座７】
再生医療と医事法【医事法講座８】　続刊

◆ 〈講演録〉**医事法学へのまなざし**
　― 生命倫理とのコラボレーション　甲斐克則 著

Life's Dominion: An Argument About
Abortion, Euthanasia, and Individual Freedom

ライフズ・ドミニオン
　―中絶と尊厳死そして個人の自由

ロナルド・ドゥオーキン 著

水谷英夫＝小島妙子 翻訳

〈編集〉本堂毅・平田光司・尾内隆之・中島貴子

科学の不定性と社会
現代の科学リテラシー
Scientific Incertitude and Society

多様な分野の執筆者が集い、
それぞれの経験から問題を提起、「不定性」概念を説く

― 信山社 ―

―――― 法動態学講座シリーズ ――――

法動態学講座 1

新しい法科大学院改革案　遠藤直哉 著
AI に勝つ法曹の技能―基礎法学と実定法学の連携

法動態学講座 2

新弁護士懲戒論　遠藤直哉 著
為すべきでない懲戒 5 類型 為すべき正当業務型―法曹増員後の弁護士自治

法動態学講座 3

新弁護士業務論　遠藤直哉 編著
警備業・不動産業・隣接士業との提携―違法駐車取締から AI 法務まで

法動態学講座 4

医療と法の新理論　遠藤直哉 編著
医療事故調査制度の適正な活用へ―医療裁判の適正手続化へ

―――――

ロースクール教育論　遠藤直哉 著

取締役分割責任論　遠藤直哉 著

現代日本の法過程 ― 宮澤節生先生古稀記念
上石圭一・大塚浩・武蔵勝宏・平山真理 編

ブリッジブック法システム入門 (第 4 版)
宮澤節生・武蔵勝宏・上石圭一・菅野昌史・大塚 浩・平山真理 著

法と社会研究　太田勝造・佐藤岩夫 責任編集

民事紛争処理論　和田仁孝 著

民事紛争交渉過程論　和田仁孝 著

和解は未来を創る ― 草野芳郎先生古稀記念
豊田愛祥・太田勝造・林圭介・斎藤輝夫 編

―――― 信山社 ――――